La Biblia
para niños

La Biblia para niños

Adaptación: Heather Amery

Ilustraciones: Linda Evans

Diseño: Amanda Barlow

Redacción: Jenny Tyler

Traducción: Irene Saslavsky

El Antiguo Testamento

Nuevo Testamento

La creación del mundo

Hace mucho, mucho tiempo no existía el mundo, ni el cielo, ni el sol o las estrellas, ni siquiera existían el día y la noche. Sólo había aguas agitadas que ocupaban un espacio enorme, oscuro y vacío. Entonces Dios creó la luz y ese fue el primer día.

El segundo día, Dios creó el cielo. Debajo del cielo sólo había agua. Dios juntó las aguas y creó los mares. Entre los mares había tierra seca. Entonces Dios hizo crecer toda clase de plantas y árboles en la tierra. Ese fue el tercer día.

Al día siguiente, Dios puso el sol en el cielo para que iluminara de día, y puso la luna para que iluminara de noche. El quinto día, Dios dijo que toda clase de criaturas debían nadar en los mares y que toda clase de aves debían volar en el cielo. Las bendijo, les dijo que formaran sus familias y que vivieran por todo el mundo.

El sexto día, Dios creó todas las diferentes criaturas que viven en la tierra. Recogió un puñado de polvo y le dio forma de hombre. Le echó su aliento para que cobrara vida. Éste fue el primer hombre. Dios lo llamó Adán. Dios no quería que Adán se sintiera solo y creó una mujer. La llamó Eva.

En sólo seis días, Dios creó el mundo entero, todas las plantas, las aves y los animales, y también las primeras personas, y vio que todo era bueno. El séptimo día, Dios descansó y dijo que cada séptimo día debía ser un día sagrado para descansar.

Adán y Eva

Adán y Eva vivían en un hermoso jardín que Dios había creado especialmente para ellos. Estaba lleno de flores y árboles frutales. Dios le dijo a Adán que podía comer de los frutos de todos los árboles, excepto los que crecían en el árbol de la ciencia del bien y del mal. Si los comía, moriría.

Adán y Eva eran muy felices en el jardín. Había ríos cristalinos y toda clase de animales y pájaros. Adán y Eva se hicieron amigos de todos ellos. Algunas veces, durante los atardeceres cálidos del verano, Dios paseaba por el jardín con Adán y Eva y hablaba con ellos.

En el jardín vivía una serpiente. Una tarde tranquila, se deslizó hacia Eva y le susurró al oído. "Dios dijo que podías comer de los frutos de todos los árboles, ¿verdad?" preguntó.

"Sí", respondió Eva, "excepto los frutos del árbol de la ciencia que está en el centro del jardín. Si los tocamos o los comemos, moriremos."

8

"No moriréis", susurró la serpiente. "Dios sabe que si los coméis os volveréis tan sabios como dioses".

Eva caminó lentamente hasta el árbol especial. Los frutos parecían deliciosos. Tomó uno y le dio un gran mordisco. Cuando Adán se acercó, le dio el resto del fruto para que lo comiera.

Entonces Adán y Eva se miraron y por primera vez se dieron cuenta de que estaban desnudos. Sintieron mucha vergüenza. Antes de que pudieran volver a mirarse, tuvieron que correr y hacerse unas ropas con hojas cosidas entre sí.

Al anochecer, Dios entró en el jardín. "Adán", dijo, "¿dónde estás?"

"Estoy aquí. Me he ocultado de Ti porque ahora sé que estaba desnudo", dijo Adán.

"¿Cómo lo sabes? ¿Has comido el fruto que te dije que no tocaras?" preguntó Dios.

"Me lo dio Eva", dijo Adán.

"¿Por qué me has desobedecido?" Dios le preguntó a Eva.

"La serpiente me dijo que lo hiciera", dijo Eva.

"Debéis abandonar mi jardín porque me habéis desobedecido", dijo Dios. "Tendréis que trabajar duro para cultivar alimentos. La tierra será dura y pedregosa, y estará llena de espinas y cardos. Y cuando os hagáis viejos, moriréis".

Dios observó como Adán y Eva abandonaban el jardín. Tenían que empezar a vivir una vida nueva y dura en la Tierra. Estaban muy tristes.

Para que nadie pudiera volver a entrar, Dios envió un ángel con una espada en llamas para que vigilara el jardín del Edén.

El arca de Noé

Muchos años después, Dios miró el mundo que había creado y se sintió triste. Las personas eran malas, se maltrataban entre ellas y habían dejado de escucharlo. Dios decidió inundar toda la Tierra para que todos sus habitantes se ahogaran.

Sólo había un hombre que amaba a Dios y lo obedecía. Se llamaba Noé. "Debes construir un arca, un barco grande", le dijo Dios a Noé, "para que Yo pueda salvar a tu familia y a todos los animales de la Tierra. Te diré el tamaño exacto que debe tener".

Noé hizo lo que Dios le dijo. Cortó árboles y reunió todo lo necesario. Después, empezó a construir el arca. Sus tres hijos le ayudaron. Dibujaron la forma del arca en la tierra y fabricaron un armazón de madera. Después lo cubrieron con maderas y las pintaron con alquitrán por dentro y por fuera para que el agua no pudiese entrar.

Después de muchos meses de duro trabajo, el arca estuvo terminada. Tenía tres cubiertas, una puerta en uno de los lados y un techo, exactamente como Dios había dicho a Noé que la construyera. Noé y su familia cargaron el arca con alimentos y agua para ellos y para todos los animales.

Justo cuando estaban cargando los últimos alimentos, aparecieron unas nubes enormes en el cielo que taparon el sol. Noé alzó la vista y algunas gotas de lluvia cayeron sobre su cabeza. Después miró hacia las colinas. Vio una gran procesión de animales que caminaban, trotaban, se deslizaban o volaban en una fila interminable. Había dos ejemplares de cada clase de animal y ave que había en el mundo. Noé se quedó mirándolos. "No sabía que había tantos", dijo. Mientras los observaba, los animales entraron en el arca. Había justo el espacio suficiente para todos. Noé, su esposa, sus tres hijos y sus esposas también entraron, y Dios cerró la puerta tras ellos.

Entonces empezó a llover. No dejó de llover durante cuarenta días y cuarenta noches. Lentamente, el agua inundó la tierra y el arca se alejó flotando sobre un nuevo mar inmenso. Todos estaban a salvo dentro del arca.

Fuera, el agua subió hasta cubrir las cimas de las montañas. Todas las personas y todas las cosas que quedaron en la Tierra desaparecieron bajo las aguas.

Durante muchos meses, el arca
se agitó sobre las olas de un
inmenso mar vacío. Finalmente,
la lluvia cesó y las aguas
empezaron a bajar un
poco. Noé abrió una
ventana y soltó un cuervo.
"Vé a buscar tierra firme",
le dijo. El cuervo voló
muy lejos, pero no pudo
encontrar tierra firme.

Después Noé soltó una paloma. Se alejó volando pero regresó. Noé esperó una semana y volvió a soltar la paloma. Esta vez regresó con una ramita en el pico. "Eso significa que vuelve a haber tierra firme y que las plantas vuelven a crecer", dijo Noé.

Pasada una semana, volvió a soltar la paloma, pero esta vez no regresó. Noé levantó una portezuela del arca y miró hacia fuera. Por fin pudo ver tierra. Noé abrió la puerta del arca y todos se precipitaron hacia fuera. La tierra estaba seca y el sol brillaba.

"Dispersáos por toda la Tierra y formad vuestras familias", Dios le dijo a Noé y a todos los animales.

Noé alzó la vista y dio las gracias a Dios por haberles salvado del terrible diluvio. En el cielo había un arco iris. "Ésa es mi señal", dijo Dios. "Prometo que nunca más volveré a inundar toda la Tierra"

Abraham y Sara

Abraham era un hombre rico que vivía en la ciudad de Harán con Sara, su esposa. Ambos eran viejos y estaban muy tristes porque nunca habían tenido hijos.

Un día, Dios dijo a Abraham: "Quiero que vayas a la tierra de Canaán. Allí haré de ti el padre de una gran nación".

Abraham no comprendió el significado de las palabras de Dios, pero siempre hacía lo que Dios le ordenaba que hiciera. Al poco tiempo partió hacia Canaán con Sara, su sobrino Lot y la esposa de éste, todos sus criados, y sus rebaños de ovejas y de cabras. Fue un viaje muy largo, pero al fin llegaron a la nueva tierra y montaron sus tiendas.

Al principio había abundante hierba y agua para los rebaños de ovejas y cabras de Abraham, y también para los de Lot. Pero a medida que pasaron los años, los rebaños se volvieron cada vez más numerosos y no había bastante alimento para todos.

"Ha llegado la hora de separarnos", Abraham dijo Lot. "Puedes elegir a dónde quieres ir".

"Bajaré al valle. Allí hay hierba y agua en abundancia", dijo Lot.

"Yo me quedaré aquí en las montañas", dijo Abraham, aunque sabía que la hierba y el agua no eran tan buenas. Lot y su esposa se despidieron de Abraham y Sara y condujeron sus ovejas hasta el valle. Dios volvió a prometer a Abraham que convertiría su familia en una gran nación.

Algunos años después, en una tarde calurosa, mientras estaba sentado en su tienda, Abraham vio a tres hombres que atravesaban las colinas. Cuando se acercaron, fue a recibirlos.

"Venid a mi tienda", le dijo Abraham a los forasteros. "Allí podréis lavaros, descansar, y comer algo".

Sara y los criados amasaron pan fresco, asaron un poco de carne al fuego y ofrecieron cuencos llenos de leche y queso a los tres hombres. Una vez acabado el banquete, uno de los hombres dijo: "Traemos un mensaje de Dios para ti.

Tú y Sara tendréis un hijo varón".

Sara se rió. "Somos demasiado viejos para tener un niño". Pero después de algunos meses, Sara dio a luz a un niño. Lo llamó Isaac. Abraham y Sara estaban encantados: finalmente habían tenido un hijo. Y Abraham recordó que Dios le había dicho que sería el padre de una gran nación.

Isaac y Rebeca

Isaac, el hijo de Abraham y Sara, creció y se convirtió en un joven alto y fuerte. Sara había muerto y Abraham decidió que había llegado el momento de que Isaac tuviera una esposa. Pero tenía que ser una joven de su propio pueblo, que vivía muy lejos de Canaán.

"Vé y dile a mi hermano Nacor que elija una esposa para Isaac y tráela aquí", le dijo Abraham a uno de sus criados.

"Si no quiere venir, ¿debo llevar a Isaac junto a ella?" preguntó el hombre.

"No, Isaac debe permanecer aquí. Dios prometió esta tierra

a mi familia", dijo Abraham. "Ella debe venir a vivir con nosotros aquí".

El criado inició el largo viaje junto con otros sirvientes. Llevaba diez camellos y varios regalos para la joven y su familia. Finalmente se detuvo junto a un pozo fuera de las murallas de la ciudad. Anochecía, y pronto las jóvenes acudirían al pozo para llenar sus cántaros de agua.

El criado elevó una plegaria a Dios: "Por favor, ayúdame a encontrar una esposa para Isaac. Le diré a una de las jóvenes: «por favor, dame de beber de tu cántaro». Si dice «sí, y también le daré agua a tus camellos», esa será la mujer adecuada para Isaac".

Antes de terminar la plegaria, el criado alzó la vista y vio a una hermosa joven que se dirigía al pozo.

Después de que la joven hubiera llenado el cántaro, le pidió agua. Ella le alcanzó el jarro y, después de que el criado hubiera bebido un buen trago, volvió a llenarlo con agua para los camellos una y otra vez.

El criado supo que esa era la señal que había pedido. Entonces le dio un anillo y dos brazaletes de oro a la joven. "Dime quién eres", dijo. "¿Podemos pasar la noche en la casa de tu padre?"

"Me llamo Rebeca y mi abuelo se llama Nacor. Tenemos espacio más que suficiente para vosotros y comida para los camellos", dijo la joven.

El criado dio las gracias a Dios por haberlo conducido directamente hasta la familia de Abraham.

Rebeca corrió hasta la casa. Contó a su familia el encuentro con el hombre junto al pozo y les mostró los regalos que le había dado. Labán, su hermano, regresó al pozo e invitó al criado y a los otros hombres a entrar en la casa.

Después de dar de comer a los camellos, todos se sentaron a comer una buena cena. Pero el sirviente no quiso empezar a comer hasta haberle contado a la familia de Rebeca el motivo de su viaje.

Les habló de Abraham y Sara, y de su hijo Isaac; también les dijo que le había pedido ayuda a Dios para elegir a la joven adecuada junto al pozo. Luego le preguntó a la familia si permitirían que Rebeca regresara con él a Canaán para ser la esposa de Isaac.

La familia de Rebeca vio que era la voluntad de Dios y aceptaron que Rebeca se marchara. El criado de Abraham regaló joyas a Rebeca y entregó otros regalos a su madre y a su hermano. Después hubo un banquete para celebrar el compromiso.

El criado de Abraham quería regresar a casa enseguida y Rebeca aceptó ir con él. A la mañana siguiente, los hombres cargaron los camellos. Rebeca se despidió de su familia y emprendió el largo viaje hasta Canaán.

Ya era de noche cuando llegaron a la tienda de Abraham. Isaac estaba en el prado y vio llegar a los camellos. Fue a su encuentro y el criado le contó todo lo que había ocurrido. Isaac miró a la hermosa joven que había venido para ser su novia. Al poco tiempo se casó con ella y la amó.

José y la túnica de colores

Jacob, el hijo de Isaac, era un campesino rico que vivía en Canaán. Tenía doce hijos y, aunque los amaba a todos, al que más amaba era a su hijo José. Le regaló una bonita túnica de colores. José iba pavoneándose por ahí con su túnica y dándose aires de grandeza. Sus hermanos estaban celosos. Le odiaban porque José dijo que había soñado que sería mucho más importante que ellos.

Un día, Jacob envió a José a un valle lejano, donde sus hermanos cuidaban los rebaños de ovejas y cabras. Cuando sus hermanos le vieron llegar, uno dijo: "Matémoslo. Podríamos decirle a nuestro padre que una fiera salvaje le ha devorado".

Pero otro hermano dijo: "No debemos matarlo. Arrojémoslo a un foso". En ese momento,

pasaron unos mercaderes camino de Egipto. Los hermanos vendieron a José como esclavo. Los hermanos mancharon la túnica con sangre de cabra y regresaron al hogar de su padre.

"Hemos encontrado esta túnica. ¿Es de José?" le preguntó un hermano. Jacob reconoció la túnica y, al verla manchada de sangre, creyó que José había muerto. Sintió una gran tristeza.

Los mercaderes llevaron a José a Egipto y le vendieron a Potifar, el capitán de la guardia real. José trabajó duro y al poco tiempo, Potifar le puso a cargo de su casa. Durante un tiempo todo marchó bien, pero la esposa de Potifar quiso causar problemas a José. "José ha sido muy grosero conmigo", le dijo a Potifar.

No era verdad, pero Potifar se enfadó con José. Le hizo encerrar en la cárcel. Dios había dado a José la facultad de interpretar los sueños de las personas, y él les explicó a los demás prisioneros el significado de sus sueños.

Después de que José hubiera pasado dos años en la cárcel, el rey de Egipto tuvo un sueño extraño. Preguntó a sus sabios qué significaba, pero ninguno pudo explicarlo. Entonces alguien recordó que José sabía interpretar sueños. Le llevaron ante el rey y éste le contó su sueño.

"Tu sueño significa que habrá siete años de buenas

cosechas y mucha comida para todos", dijo José. "Pero después vendrán siete años malos y muchos pasarán hambre e incluso morirán".

El rey estaba tan complacido con José que le puso a cargo de todos los almacenes de provisiones de Egipto. Durante siete años, las cosechas fueron buenas y José se aseguró de que los cereales sobrantes fueran almacenados. Cuando llegaron los siete años malos, José disponía de abundante comida para vender al pueblo.

Lejos, en Canaán, el padre y los hermanos de José cada vez tenían menos comida. "Debéis ir a Egipto a comprar cereales. Ellos tienen en abundancia". Diez hermanos emprendieron el viaje, pero dejaron a Benjamín, el más joven, en casa.

En Egipto, los hermanos preguntaron al gobernador si podían comprar comida. No sabían que se trataba de su hermano José, pero éste les reconoció de inmediato. Les habló en tono severo y les preguntó por su padre y por Benjamín.

"Os venderé alimentos", les dijo. "Pero cuando volváis, debéis traer a Benjamín con vosotros. Vuestro hermano Simeón se quedará aquí hasta que regreséis".

Los hermanos emprendieron el viaje de regreso a casa. En el camino, abrieron los sacos de cereales que habían comprado y encontraron el dinero que le habían pagado a José. Se asustaron mucho. "Dios nos está castigando por vender a José", dijeron. No sabían que José había dicho a sus criados que pusieran el dinero en los sacos.

Después de un tiempo, Jacob y sus hijos habían comido todos los cereales. Tuvieron que regresar a Egipto para comprar más, y esta vez llevaron a Benjamín. Volvieron a pedir a José que les vendiera comida, pero seguían sin darse cuenta que se trataba de su hermano. José ordenó a sus criados que les dieran de comer, asegurándose de que Benjamín recibiera una buena ración.

Al día siguiente, los once hermanos emprendieron el viaje de regreso. En el camino, los guardias de José les alcanzaron y abrieron los sacos. En el de Benjamín estaba la copa de plata de José. José había dicho a los guardias que la ocultaran allí porque quería poner a sus hermanos a prueba.

Los guardias condujeron a los asustados hermanos a Egipto y les llevaron ante José. "Podéis regresar a casa", les dijo José, "pero Benjamín debe quedarse conmigo".

Los hermanos sintieron una gran tristeza. "Por favor", rogaron, "deja que Benjamín regrese con nosotros. Nuestro padre ya ha perdido a un hijo. Si pierde a Benjamín, se le romperá el corazón. Permite que uno de nosotros se quede, en lugar de Benjamín". Entonces José supo que sus hermanos habían cambiado y que lamentaban lo que hacía tiempo le habían hecho.

"Soy José, vuestro hermano, a quien vendisteis como esclavo", exclamó José. "Pero fue Dios quien me envió a Egipto para que pudiera salvaros de morir de hambre. Dios prometió a Abraham que la nación que él fundase estaría a salvo. Regresad junto a mi padre y traedlo aquí, junto con vuestra familia y vuestros animales. Os daré buenas tierras y todos viviremos felices en Egipto".

Moisés en las aguas del Nilo

Muchos años después de la muerte de José, Egipto tenía un nuevo rey que era muy cruel con el pueblo de José, los hebreos, que vivían en Egipto. Les hacía trabajar como esclavos. Les obligaban a fabricar ladrillos de barro para construir grandes ciudades y templos para el rey, y a trabajar en el campo.

Los hebreos trabajaban duro desde muy temprano por la mañana hasta muy tarde por la noche, vigilados por los guardias egipcios, y si intentaban descansar los azotaban.

Para entonces ya había tantos hebreos en Egipto que el rey temía que se rebelaran contra él y le arrebataran el trono. Dictó una nueva ley y ordenó a sus soldados que mataran a todos los bebés hebreos varones recién nacidos.

Una madre hebrea logró ocultar a su bebé recién nacido, llamado Moisés, hasta que cumplió los tres meses. Pero a medida que el niño crecía, temió que los soldados egipcios le oyeran llorar, le encontraran y le mataran.

Un día recogió a Moisés y bajó a hurtadillas hasta la orilla del río. Allí tejió un cesto de juncos y cubrió el exterior con alquitrán para que el agua no entrase. Cuando terminó de hacerlo, acostó a Moisés en el cesto. Estaba profundamente dormido. Puso el cesto en el agua con suavidad y el cesto se alejó flotando sobre el gran río Nilo.

La hermana de Moisés estaba oculta entre los juncos. Vio como el cesto se alejaba flotando río abajo. Lo siguió, caminando por la orilla para ver a dónde se dirigía.

Un poco más adelante, a lo largo de la orilla, la princesa de Egipto bajó al río a nadar con sus criadas. Vio el cesto flotando sobre el agua entre los juncos.

"Traed ese cesto aquí", ordenó a una de sus criadas. Ésta recogió el cesto y se lo trajo.

Cuando la princesa vio al bebé, dijo: "Debe ser un niño hebreo". En ese instante, Moisés se despertó y lloró un poco. La princesa sintió tanta lástima por él que decidió quedárselo.

La hermana de Moisés observaba, oculta entre los juncos.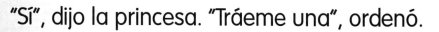

Vio lo que ocurría y corrió hasta la princesa. "¿Quieres una niñera hebrea para que cuide del bebé?" le preguntó.

"Sí", dijo la princesa. "Tráeme una", ordenó.

La hermana de Moisés corrió rápidamente hasta donde estaba su madre y le contó lo ocurrido. Después llevó a su madre ante la princesa. "Toma este bebé y cuídalo. Te pagaré bien", le dijo la princesa.

Muy contenta, la madre de Moisés se llevó su hijo a casa y le cuidó. Ahora estaba a salvo. Moisés se quedó con su madre y el resto de la familia hasta que fue lo bastante mayor como para volver junto a la princesa. Entonces la madre le llevó al palacio.

"Ahora es mi hijo", dijo la princesa.

Moisés creció en el palacio junto a la princesa. Le trataron como si fuera un príncipe egipcio, pero nunca olvidó que en realidad era un hebreo.

Moisés conduce a su pueblo fuera de Egipto

Moisés era un hombre importante en Egipto, sin embargo sentía gran tristeza cuando veía lo mal que los amos egipcios trataban a sus esclavos hebreos. Un día vio como un egipcio azotaba a un hebreo. Moisés mató al egipcio, pero alguien le vio. Moisés sabía que el rey se enteraría y que le condenaría a muerte.

Moisés huyó al desierto y vivió allí mucho tiempo. Un día vio una zarza que ardía pero que no se consumía. Cuando se acercó a ella, Dios le habló.

"Debes ir a Egipto", le dijo Dios. "Lleva contigo a tu hermano Aarón y pide al rey que deje salir a los hebreos de Egipto. No lo permitirá, pero Yo le obligaré a hacerlo. Entonces todo el mundo sabrá que soy Dios. Conducirás a los hebreos a una tierra donde serán libres y tendrán abudantes alimentos".

Moisés no quería ir, pero sabía que debía obedecer a

Dios. Él y Aarón fueron a ver al rey y le pidieron que dejara libres a los hebreos.

El rey se enfadó mucho. Dijo que no dejaría marchar a los hebreos y les obligó a trabajar aún más duro. Moisés estaba desesperado. Le pidió a Dios que le ayudara. Después volvió a ver al rey.

Moisés advirtió al rey que si no dejaba marchar a los hebreos, Dios haría que sucedieran cosas terribles. Pero el rey seguía negándose. Entonces cosas terribles empezaron a suceder. Lo primero que ocurrió fue que el agua del río se volvió de color rojo y nadie pudo beberla.

Una semana después, miles de ranas surgieron

del río y se metieron en las casas de los egipcios. Después, nubes de moscas repugnantes invadieron el palacio del rey y todas las casas, salvo las de los hebreos. Pero el rey no dejó que se marcharan.

Entonces empezaron a morir los animales y los egipcios enfermaron; sus cuerpos se cubrieron de llagas atroces. Después hubo unas tormentas espantosas.

El granizo aplastó la cosecha y grandes enjambres de langostas se comieron lo que quedaba. Pero el rey seguía impidiendo que los hebreos se marcharan.

Lo peor de todo fue que una noche, murió el hijo mayor

de las familias egipcias. Dios había dicho a Moisés lo que los hebreos debían hacer para mantenerse a salvo. Cada familia sacrificó un cordero y pintó la jamba de la casa con un poco de sangre. Después asaron el cordero y lo comieron con pan ázimo y hierbas. Dios dijo que los hebreos siempre deberían recordar el día que la muerte pasó a su lado y celebrarlo como un día de fiesta especial.

Finalmente, el rey dijo que los hebreos podían marcharse. Abandonaron Egipto al día siguiente; de día siguieron una columna de humo y de noche una columna de fuego que Dios les había enviado.

El rey cambió de parecer y envió a su ejército tras los hebreos. Los hebreos les vieron llegar y se llenaron de terror. Delante de ellos estaba el Mar Rojo y detrás, los soldados del rey.

Moisés les dijo que no temieran porque Dios les ayudaría. Levantó la mano y un fuerte viento del este, enviado por Dios, apartó las aguas formando un paso seco para que pudieran atravesar el mar. Pero cuando los soldados egipcios intentaron seguirles, el mar se cerró y todos los soldados se ahogaron. Por fin los hebreos eran libres, y podían ir a la tierra prometida.

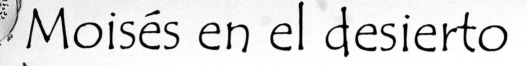# Moisés en el desierto

Durante muchas semanas, los hebreos conducidos por Moisés, caminaron por el desierto hasta su nueva tierra. Pronto olvidaron que en Egipto habían sido esclavos. Tenían hambre y se quejaban. "Deberíamos habernos quedado en Egipto. Allí teníamos mucha comida. Recordad todas las cosas buenas que teníamos para comer", dijeron. "Carne, pan, melones, cebollas y pepinos. Sería mejor estar en Egipto que morir de hambre en el desierto".

Dios oyó sus quejas y dijo a Moisés: "Diles que todas las noches les daré carne para comer y que todas las mañanas les daré pan".

Esa noche, una bandada de codornices, se posó sobre las tiendas de los hebreos y fue fácil atraparlas. Esa noche todos comieron codorniz asada. Por la mañana, el suelo estaba cubierto de pequeñas semillas blancas. Parecían escarcha. Los hebreos las juntaron y las molieron, convirtiéndolas en harina. Luego hicieron pan y lo cocieron. Lo llamaron

"maná" porque era comida llegada del cielo. Era muy sabroso y sabía a miel.

Todos los días ocurrió lo mismo. Por las mañanas, comían pan hecho con maná y por las noches asaban codornices. El sexto día, Moisés les dijo que recogieran comida para dos días. Lo hizo para que no tuvieran que trabajar el séptimo día, el sábado, que debía ser un día sagrado de descanso.

Ahora los hebreos tenían mucha comida, pero pronto les faltó el agua. Tenían sed y otra vez empezaron a quejarse. "Deberíamos habernos quedado en Egipto en lugar de morir de sed en el desierto", dijeron.

Moisés rezó a Dios. "¿Qué haré con ellos?" preguntó. "Están casi dispuestos a matarme".

"Toma tu bastón y camina delante de ellos. Luego golpea una roca con el bastón", dijo Dios a Moisés. Moisés hizo lo que Dios le ordenó y cuando golpeó la roca, surgió un gran chorro de agua. Había agua fresca en abundancia para todos.

Dios cuidó a los hebreos durante todos los años que vivieron en el desierto. Les envió alimentos cuando tenían hambre y agua cuando tenían sed.

Moisés y las leyes divinas

Moisés condujo a los hebreos a través del desierto hasta el monte Sinaí, como Dios le había ordenado. Durante semanas recorrieron la tierra seca y calurosa, pero Dios siempre les envió alimentos y agua. Finalmente, se detuvieron y acamparon al pie de la montaña. Moisés la escaló para alabar a Dios.

Dios le dijo que los hebreos debían estar preparados para que Él les hablara. Entonces el cielo se oscureció, los truenos retumbaron y los rayos relampaguearon. De la cima de la montaña brotó humo y fuego, y la tierra tembló. Una trompeta sonó con fuerza. Los hebreos estaban aterrados. Sabían que Dios estaba cerca.

Entonces Dios habló a Moisés desde dentro del fuego y el humo. Le dictó diez leyes que los hebreos siempre debían respetar.

"Yo soy vuestro Dios. No debéis tener otros dioses más que Yo.

No debéis hacer ídolos, ni adorarlos.

Cuando digáis mi nombre, debéis hacerlo con respeto.

Trabajad durante seis días y el séptimo descansad.

Respetad a vuestra madre y a vuestro padre.

No mataréis a ningún ser humano.

El marido y la mujer deben serse fieles.

No robéis.

No mintáis.

No envidiéis las cosas que tiene los demás".

Entonces Moisés bajó de la montaña y les dijo a los hebreos lo que Dios había dicho. Aceptaron obedecer las leyes y ser el pueblo elegido de Dios. Moisés escribió todo en unas tablas de piedra. Sin embargo los hebreos pronto olvidaron las leyes y no las respetaron, y Dios les castigó obligándoles a quedarse en el desierto durante muchos años.

Josué y Jericó

Tras vivir cuarenta años en el desierto con su pueblo, Moisés murió. Entonces, Josué condujo a los hebreos a la tierra prometida. Atravesaron el río Jordán y llegaron a la ciudad de Jericó. Dios le dijo a Josué que Él se la daría a su pueblo.

Josué miró las enormes murallas de piedra y puertas de madera de Jericó. Entonces Dios le dijo lo que debía hacer. Cada día, durante seis días, Josué marchó acompañado de unos soldados, dando una vuelta en torno a la ciudad. Detrás, iban siete sacerdotes tocando trompetas. Los demás permanecían en silencio.

El séptimo día dieron siete vueltas y, cuando los sacerdotes hicieron sonar las trompetas, los hebreos gritaron lo más fuerte posible. Con gran estruendo, las murallas cayeron y los soldados entraron en Jericó. Tomaron todos los tesoros que lograron encontrar. Fue la primera victoria de los hebreos en Canaán y pronto Josué se volvió famoso. A lo largo de los años, los hebreos se asentaron en Canaán y se convirtieron en una nación muy poderosa porque Dios estaba con ellos.

La gran fuerza de Sansón

Manué y su esposa habían estado casados durante muchos años, pero estaban tristes porque no tenían hijos. Un día, Dios envió un ángel a la esposa de Manué para decirle que tendría un hijo. Él salvaría a su pueblo, los israelitas, de los filisteos que los gobernaban.

Manué y su esposa estaban encantados. Cuando nació el niño, le llamaron Sansón. Para mostrar que le pertenecía a Dios nunca le cortaron el pelo. Sansón creció, convirtiéndose en un hombre grande y sumamente fuerte. Un día, mientras paseaba por un viñedo, un león le rugió. Sansón lo agarró y lo mató sólo con las manos. Entonces Sansón supo que Dios le había hecho especialmente fuerte para que pudiera cumplir su misión.

Siempre que se le presentaba la ocasión, Sansón luchaba contra los filisteos. Quemaba sus cosechas y los mataba en las batallas. Una noche, los filisteos le encerraron en la ciudad de Gaza.

Pensaron que no podría escapar y que podrían matarle. Pero Sansón arrancó las puertas de la ciudad de sus jambas y se las llevó.

Sansón se enamoró de una hermosa muchacha filistea llamada Dalila. Los filisteos le prometieron a Dalila una gran suma de dinero si lograba averiguar por qué Sansón era tan fuerte. Dalila le pidió a Sansón que le contara su secreto, pero él se burló de ella y le contó unas cuantas historias ridículas que no eran ciertas.

"Si realmente me amaras, me dirías la verdad", dijo Dalila y volvió a repetirle la pregunta una y otra vez. Por fin, Sansón cedió. "Nunca me han cortado el pelo", dijo. "Eso demuestra que pertenezco a Dios. Él me hace fuerte".

Esa noche, Dalila esperó hasta que Sansón estuvo profundamente dormido. Después llamó a uno de los

filisteos, que entró sigilosamente y le cortó el pelo a Sansón. Cuando Sansón se despertó, ya no era más fuerte que cualquier otro hombre.

Los filisteos capturaron a Sansón con mucha facilidad, le dejaron ciego y le sujetaron con cadenas. Después le condujeron hasta la ciudad de Gaza. Allí le encerraron en la cárcel y le obligaron a moler grano para hacer harina. Lentamente, su cabello empezó a crecer otra vez, pero los filisteos no se dieron cuenta.

Un día, los filisteos celebraron una gran fiesta en el templo en honor a Dagón, su dios. Dijeron al pueblo que Dagón les había ayudado a capturar a Sansón. Le sacaron de la cárcel para poder reírse de ese hombre tan grande pero indefenso. Le encadenaron entre dos columnas altas que sostenían el techo del templo.

Sansón estaba ciego, pero podía tocar las columnas. Pidió a Dios que le devolviera la fuerza. Después, apoyó sus grandes manos sobre las columnas y empujó con todas sus fuerzas. Las hizo caer y el templo se derrumbó con gran estruendo. Sansón, los gobernantes filisteos y miles de personas murieron. Fue la mayor demostración de fuerza de Sansón. Había salvado a los israelitas de sus odiados amos, los filisteos.

Rut y Noemí

Noemí se crió con su familia en la ciudad de Belén, pero durante mucho tiempo había vivido muy lejos, en Moab. Su esposo y sus dos hijos habían muerto y ella compartía una casa con sus dos nueras, Orfá y Rut. Noemí era vieja y ansiaba regresar a Belén y vivir entre la gente de su pueblo.

"Déjanos ir contigo", dijeron Orfá y Rut, y las tres mujeres emprendieron el largo viaje juntas. Por el camino, Noemí dijo: "Deberíais quedaros en vuestro propio país y buscar nuevos maridos". Pero las muchachas no querían separarse de ella. Finalmente, Orfá aceptó quedarse en Moab, pero Rut rogó a Noemí que no le obligara a separarse de ella. "Iré contigo a cualquier parte", le dijo. De modo que Orfá regresó a Moab, mientras Noemí y Rut siguieron camino a Belén.

Para alimentarse, Rut iba todas las mañanas a los campos y recogía la cebada que el segador había dejado. La molía convirtiéndola en harina para hacer pan. No sabía que los campos pertenecían a Booz, un pariente rico de Noemí.

Booz vio a Rut en los campos y preguntó quién era. Cuando se enteró de lo buena que había sido con Noemí, le dijo que estaría a salvo en sus campos y que podía beber toda el agua que quisiera de los jarros de sus criados.

Esa noche, Rut contó a Noemí lo que había sucedido. Noemí estaba contenta porque sabía que Booz era un hombre bueno. También sabía que Booz dormía cerca de su cosecha de cebada para que no la robaran. "Cuando Booz esté dormido, entra y tiéndete a sus pies", Noemí le dijo a Rut.

Cuando Rut entró sigilosamente, Booz le oyó. "¿Quién está ahí?" preguntó. "Soy Rut. He venido buscando tu protección, le dijo. "Hay un hombre que debería cuidarte y casarse contigo", dijo Booz. "Mañana hablaré con él".

Al día siguiente, el hombre dijo a Booz que ya tenía esposa. De modo que Booz se casó con Rut y, más adelante, tuvieron un hijo. Noemí estaba muy feliz de que Dios le hubiera dado un nieto.

David y Goliat

David, el biznieto de Rut,
trabajaba en la granja de su padre. Aunque sólo era un
niño, cuidaba las ovejas de su padre en las colinas. Era
valiente y luchaba contra los animales salvajes que
intentaban robar las ovejas y los corderos, incluso
luchaba con los feroces leones y osos.
Conducía el rebaño por las colinas
para encontrar la mejor hierba.
Y mientras lo cuidaba, se volvió
muy hábil lanzando piedras
con la honda y tocando
su pequeña arpa.

Un día, el padre de David le pidió que llevara comida a sus tres hermanos que eran soldados en el ejército del rey Saúl. Hacía años que el rey Saúl luchaba contra los filisteos. Ahora su ejército estaba acampado a un lado del valle. Al otro lado estaba el ejército filisteo. Ambos ejércitos se observaban, sin atreverse a atacar.

Uno de los soldados filisteos era un hombre gigantesco llamado Goliat. Era inmensamente fuerte y llevaba un gran yelmo y un peto. Tenía un gran escudo y una pesada lanza.

Todos los días, Goliat lanzaba un grito al ejército del rey Saúl, acampado al otro lado del valle. "Enviad a uno de vuestros hombres para luchar conmigo. El que gane la batalla, la ganará para todo su ejército".

El ejército del rey Saúl oía el desafío de Goliat, pero todos los hombres tenían demasiado miedo. Cuando David llegó al campamento del ejército, oyó gritar a Goliat. "Yo iré a luchar", le dijo al rey Saúl.

"Tú sólo eres un niño. Ese hombre es un soldado profesional", dijo el rey Saúl.

"No tengo miedo", dijo David. "Cuando cuidaba las ovejas de mi padre, maté osos y leones con la ayuda de Dios. Ahora Dios me cuidará porque Goliat quiere matar al pueblo de Dios".

"Puedes ir", dijo el rey Saúl, "pero debes ponerte mis ropas de combate y llevar mi espada". David se las puso y tomó la espada, pero eran demasiado grandes y pesadas para él. De modo que volvió a quitárselas. Tomó su bastón de pastor y en un arroyo eligió cinco piedras pequeñas para su honda. Luego bajó al valle para luchar con Goliat.

Cuando Goliat vio que David se aproximaba, se burló de él y gritó: "Ven aquí, muchacho y te mataré".

David siguió avanzando. "Tienes una espada y una lanza, pero yo tengo la ayuda de Dios", dijo. Entonces puso una de las pequeñas piedras en la honda, hizo girar la honda cada vez más rápidamente alrededor de su cabeza, y soltó la piedra.

La piedra salió disparada de la honda y fue directamente hacia Goliat. Golpeó al gigante en el medio de la frente. Goliat cayó al suelo. La piedra lo había matado. David corrió hacia Goliat y vio que estaba muerto.

Cuando el ejército filisteo vio a su guerrero tendido en el suelo, todos los soldados huyeron lo más rápido que pudieron. El ejército del rey Saúl los persiguió hasta las puertas de su ciudad. La batalla había acabado. David la había ganado para ellos con la ayuda de Dios. David creció y se convirtió en un hombre muy importante. Se hizo rico, tuvo una gran familia e incluso llegó a ser rey.

El rey Salomón

Salomón, el hijo de David, era el rey de Israel. Vivía en la gran ciudad de Jerusalén. Una noche, se le apareció Dios y le preguntó: "¿Qué te gustaría que te diera?"

"Soy muy joven para ser un soberano y tengo mucho que aprender. Me gustaría que me hicieras sabio para que pueda gobernar bien y con justicia", dijo Salomón.

Dios quedó muy satisfecho con esta respuesta. "Podrías haber pedido ser muy rico, muy famoso y que todos tus enemigos murieran", dijo Dios. "Pero como has pedido sabiduría, te convertiré en el hombre más sabio del mundo. También te haré rico y famoso, y vivirás hasta que seas muy viejo".

En poco tiempo, el rey Salomón se hizo famoso por la sabiduría de sus juicios y la gente acudía para escuchar la gran cantidad de cosas sabias que decía.

Un día, dos mujeres acudieron a su corte para pedirle ayuda.

"Esta mujer y yo vivimos en la misma casa", dijo la primera mujer. "Hace algunos días, ambas tuvimos un bebé. El de esta mujer murió, pero ella me robó el mío y ahora dice que es suyo".

"No, el bebé que murió fue el tuyo", gritó la segunda mujer. "Este bebé es mío. Sé que es mi hijo".

"Tráeme mi espada", dijo el rey Salomón a uno de sus guardias. Cuando el hombre la trajo, el rey Salomón dijo: "Ahora corta el bebé por la mitad y entrega una mitad a cada una de estas mujeres".

"Sí, matad al bebé y entonces ninguna de las dos podremos tenerlo", gritó una de las mujeres. Pero la otra exclamó: "Mi señor, te ruego que no mates a este niño. Dáselo a esta mujer y déjalo vivir".

Entonces el rey Salomón supo que ésa era la madre verdadera y le dio a ella el bebé.

Salomón y el templo

Hacía ya cuatro años que Salomón era rey cuando empezó a construir un templo dónde poder adorar a Dios. Cientos de hombres cavaron piedras de las canteras en las colinas y las tallaron, dándoles la forma exacta para construir los cimientos y los muros. Salomón quería que los muros estuvieran revestidos con madera de cedro. Los mejores cedros crecían en el norte, en unas tierras gobernadas por Hiram, rey de Tiro.

El rey Salomón firmó un tratado con el rey Hiram. Acordaron que Hiram permitiría que se talaran los árboles y que los llevaran por mar a lo largo de la costa hasta el templo. A cambio, cada año Salomón le enviaría grandes cantidades de cereales y aceite.

Miles de hombres trabajaban en el templo. Tenía dos salas. La interior era cuadrada y no tenía ventanas. Era la parte más sagrada. Sólo el sumo sacerdote entraba en ella una vez al año, durante una fiesta especial llamada el Día del Perdón. En la gran habitación exterior había un altar y diez candelabros. Todos los muros del templo estaban revestidos de madera de cedro, con tallas de flores, árboles y criaturas aladas. Todo, incluso el suelo, estaba cubierto de oro. En el exterior había patios donde la gente podía rezar a Dios.

Por fin, después de siete años, el templo estuvo terminado. Salomón convocó a todos los sacerdotes y al pueblo a una gran ceremonia muy solemne. Entonces Dios se hizo presente en el templo.

Fuera, el rey Salomón se puso de pie ante el pueblo y elevó sus plegarias a Dios. Después se dirigió al pueblo. "Que Dios nos acompañe siempre. Que siempre Le seamos fieles y obedezcamos Sus mandamientos".

Una vez que la ceremonia hubo acabado, el rey Salomón celebró una gran fiesta para el pueblo. Duró siete días. Después bendijo a todos y los envió, muy felices, a casa.

Elías

Elías vivía en Israel y amaba y obedecía a Dios. El nuevo rey de Israel había construido un gran templo en honor a un dios falso, llamado Baal, y su reina era malvada y cruel. Muchos siguieron a su rey y se olvidaron de Dios. Elías les advirtió que no llovería durante muchos años y que morirían de hambre.

"Vé al valle de Querit; allí estarás a salvo", le dijo Dios a Elías. "Podrás beber agua del arroyo y los cuervos te llevarán comida".

Elías hizo lo que Dios le había dicho, y por las mañanas y al atardecer, los cuervos le traían pan y carne, y bebía agua del arroyo.

Pero después de
un tiempo, el arroyo
se secó porque no llovía.
Entonces Dios le dijo que
fuera a la ciudad de Sidón, dónde
una mujer le daría comida.

Allí Elías se encontró con una mujer que
estaba recogiendo leña para hacer fuego.
"Por favor, dadme un trago de agua y un
poco de pan", dijo Elías.
"No tengo comida", dijo
la mujer. "Sólo tengo
un poco de harina y
unas gotas de aceite.
Voy a hacer un pan
sobre las

llamas de estas ramas. Pero cuando hayamos comido el pan, mi hijo y yo moriremos de hambre".

"Vete a casa", dijo Elías, "y haz un pan pequeño para mí y uno para ti y tu hijo. De aquí en adelante, verás que la harina y el aceite para preparar el pan nunca se acabarán".

La mujer hizo lo que Elías le había dicho y vio que cada día disponía de la cantidad justa de harina y aceite para hacer pan. Pero un día, el hijo de la mujer enfermó gravemente y murió. La mujer estaba desconsolada. "¿Por qué has matado a mi hijo?" le preguntó a Elías. "¿Es para castigarme por todo lo malo que he hecho durante mi vida?"

"Entrégame al niño", dijo Elías. Le llevó a la planta de arriba y le acostó en su lecho. Allí le rezó tres veces a Dios: "Por favor, resucita a este niño".

Dios escuchó los ruegos de Elías. El niño se incorporó, vivo y completamente sano. Elías le tomó en brazos y le llevó escaleras abajo, junto a su madre. "Mira", dijo, "tu hijo está vivo". La mujer sintió una gran alegría. "Ahora sé que eres un hombre santo y que lo que dices es verdad", dijo.

Eliseo y Naamán

Naamán era el comandante del ejército sirio. Era un soldado valiente y un hombre rico. Tenía una casa grande y muchos criados, pero padecía una horrenda enfermedad de la piel, llamada lepra.

La esposa de Naamán tenía una esclava nueva. Era una joven que había sido capturada por los sirios durante un asalto a Israel. "Si mi señor Naamán fuera a ver al profeta Eliseo en Israel, sé que se curaría de su enfermedad", le dijo a la esposa de Naamán.

Cuando le dijeron lo que la esclava había dicho, Namaán fue a ver al rey de Siria. El rey le dio permiso para ir a Israel y le entregó una carta para el rey de Israel. Naamán partió en su carro con sus criados, llevando regalos de plata y oro, y ropas para Eliseo. Cuando llegó a la casa de Eliseo, un criado acudió a la puerta.

"Mi amo dice que has de ir al río Jordán y lavarte

siete veces en sus aguas", dijo el criado. "Entonces te curarás".

Naamán se enfureció mucho. "¿Por qué no sale a verme Eliseo?" gritó. "Creí que invocaría a su Dios y que yo me curaría. ¿Y por qué he de lavarme en el Jordán? En Siria hay muchos ríos mucho mejores".

Empezó a alejarse en su carruaje, pero uno de sus criados lo detuvo. "Mi señor", dijo el criado, "si Eliseo te hubiera pedido que hicieras algo difícil, lo habrías hecho. Como sólo te dijo que te bañaras en el Jordán, ¿no crees que al menos deberías intentarlo?"

Naamán se dio cuenta que el criado tenía razón. Fue al río Jordán y se lavó el cuerpo siete veces con sus aguas. Cuando salió del agua, se dio cuenta de que su piel estaba limpia y lisa. Se había curado de su terrible enfermedad.

Encantado, volvió apresuradamente junto a Eliseo para darle las gracias. "Ahora sé que sólo hay un Dios verdadero", dijo Naamán. Trató de entregarle todos los regalos que había traído de Siria, pero Eliseo no quiso aceptarlos. Bendijo a Naamán y le envió a casa.

Daniel y los leones

Daniel era sólo un niño cuando Jerusalén fue capturada por los babilonios. Le llevaron, junto con otros, a la magnífica ciudad de Babilonia. Allí, tanto él como otros muchachos recibieron una alimentación abundante y sabrosa, fueron a una buena escuela y les cuidaron bien. Pero Daniel nunca olvidó que había nacido en Israel y rezaba a Dios tres veces al día.

Daniel creció fuerte y sabio. Cuando el rey Darío gobernaba Babilonia, convirtió a Daniel en uno de los tres gobernantes de todo el reino. Los otros dos gobernantes sintieron celos de Daniel y conspiraron para deshacerse de él. Pero no pudieron demostrar que Daniel hubiera hecho nada malo.

Al final, fueron a ver al rey Darío. "Dicta una nueva ley, oh rey", dijeron. "Durante treinta días, todos han de dirigir sus plegarias sólo a ti. Si alguien reza a otro dios, será arrojado a los leones". Y el rey dictó la ley.

Daniel oyó hablar de la ley, pero tres veces al día, todos los días, se arrodillaba ante la ventana y rezaba a Dios.

Los dos gobernantes que le vigilaban fueron a denunciarlo ante el rey.

El rey estaba muy disgustado. Quería a Daniel y confiaba en él, pero la ley era la ley. Ordenó que arrojaran a Daniel al foso de los leones. Cuando Daniel entró en el foso y cerraron la entrada con una gran piedra, el rey dijo: "Que tu Dios te salve, Daniel".

El rey Darío regresó a su palacio. Esa noche se sintió tan apenado que no pudo cenar. Dijo a sus criados que se marcharan y no pudo dormir. A la mañana siguiente, muy temprano, fue hasta el foso de los leones. "¿Te ha salvado tu Dios?" le gritó a Daniel. "Estoy aquí", respondió Daniel. "Dios mantuvo cerradas las bocas de los leones. Él sabe que no he hecho nada malo".

El rey estaba encantado de que Daniel estuviera a salvo. Ordenó que lo sacaran del foso. Después ordenó que metieran a los otros dos gobernantes en el foso.

El rey dictó una nueva ley. Ordenó que todos los habitantes de su reino debían respetar al Dios de Daniel, el Dios que lo había salvado de los leones.

Ester la valiente

El rey Asuero era rico y poderoso, y gobernaba el inmenso imperio persa. Después de reinar durante tres años, dio una fiesta magnífica que duró siete días. Se sirvió un banquete delicioso para miles de invitados que bebieron los mejores vinos en copas de oro.

Una noche, le dijo a uno de sus criados: "Tráeme a la reina Vasti". Quería que todos vieran lo hermosa que era. Pero la reina Vasti estaba celebrando su propia fiesta y envió un mensaje diciendo que no acudiría. El rey Asuero se enfureció con ella. Le ordenó que abandonara el palacio y anunció que ya no era su esposa.

El rey Asuero quería una nueva reina. Envió a sus criados por todo el reino en busca de las muchachas más hermosas para poder elegir a una de ellas como su nueva esposa.

Había un hombre llamado Mardoqueo que trabajaba en el palacio del rey Asuero. Era de Jerusalén. Tenía una joven prima, llamada Ester, a la que había criado como si fuera su propia hija porque los padres de Ester habían muerto. Era una muchacha hermosa que siempre era dulce y amable.

Cuando el rey Asuero observó a las muchachas que habían venido de todo su reino, eligió a Ester como su nueva esposa. Pronto fue coronada con el nombre de reina Ester. Pero Mardoqueo le advirtió muchas veces que nunca le dijera a nadie que era hebrea, y no una muchacha persa.

Un día, Mardoqueo oyó susurrar a dos hombres. Estaban planeando matar al rey Asuero. "Debes advertir a tu marido", Mardoqueo le dijo a Ester y le contó quiénes eran esos dos hombres. Ester se lo dijo al rey, que los hizo matar a ambos. Estaba muy contento de que Ester y Mardoqueo le fueran fieles.

El primer ministro del rey era un hombre orgulloso y cruel llamado Amán. Todos tenían que inclinarse ante él, pero Mardoqueo se negaba a hacerlo. "Soy judío. Mi pueblo y yo sólo nos inclinamos ante Dios", dijo. Amán se enfadó mucho. Le dijo al rey que algunas personas estaban causando problemas en el reino. El rey dijo que se encargara del asunto como le pareciera. Amán ordenó que Mardoqueo y todos los judíos fueran asesinados en cierta fecha. Nadie sabía que la reina Ester también era judía.

Cuando Ester se enteró de la noticia, sintió una gran preocupación. "Debes hablar con el rey y rogarle que salve la vida de tu pueblo", le dijo Mardoqueo.

"No puedo hacerlo", contestó Ester. "Siempre debo esperar que el rey me mande a buscar. Si voy a verlo, es posible que se enfade y me haga matar".

"Es posible que Dios te haya convertido en reina para que puedas salvarnos", dijo Mardoqueo.

Ester estaba aterrada pero fue a ver al rey. Amán estaba con él. Ella invitó a ambos a cenar al día siguiente. El rey estaba muy complacido y Amán se sintió muy orgulloso de cenar con el rey y la reina. Pero entonces se acordó de Mardoqueo, el judío que se negaba a inclinarse ante él. Muy enfadado, ordenó que

Mardoqueo fuera ahorcado a la mañana siguiente.

Esa noche, el rey Asuero no lograba dormir. Mientras releía los registros del palacio, se encontró con el nombre de Mardoqueo y recordó que éste le había salvado la vida. "Tengo que recompensarlo", dijo el rey Asuero. De modo que en vez de hacer que le ahorcaran, Mardoqueo fue recompensado por el rey, que ordenó que le dieran ropas lujosas y un buen caballo.

Al día siguiente, cuando el rey Asuero y Amán fueron a cenar con Ester, ella le pidió un favor. El rey miró a su bella esposa. "Te daré todo lo que desees. Sólo has de pedirlo", dijo.

"Yo y todo mi pueblo hemos de morir", dijo Ester. "Por favor, salvadnos". El rey estaba horrorizado. "¿Quién se atrevió a dar esta orden?" preguntó. "Fue Amán", dijo Ester.

Amán se arrodilló ante Ester y le rogó que le salvara, pero el rey Asuero ordenó que le ahorcaran. Después ordenó que no mataran a ninguno de los judíos de su reino, sino que les trataran bien y con respeto. Ester había salvado a su pueblo de la muerte.

Jonás y la ballena

Jonás era un hombre bueno que solía hacer lo que Dios le decía. Un día, Dios le dijo que fuera a la ciudad de Nínive. Debía decir a sus habitantes que Dios había visto que eran muy malvados y que les iba a castigar.

Jonás no quería hacerlo. En vez de ir, se escapó al puerto de Jope y encontró un barco que iba a Tarsis, muy lejos de Nínive. Creyó que allí Dios no le vería. Pagó su billete y se embarcó.

Cuando el barco empezó a navegar a través del océano, se desató una gran tormenta. La había enviado Dios. Los marineros estaban aterrados y arrojaron todo por la borda para aligerar el barco, porque corría el peligro de hundirse. El capitán les dijo que rezaran a sus dioses para que les salvaran.

Durante la tormenta, Jonás dormía profundamente en el fondo del barco. El capitán se acercó a Jonás y le zarandeó para que despertara. "Tú también debes rezar", gritó. "No puedo rezar a Dios", Jonás le respondió. "Me estoy escapando de Él".

Los marineros creyeron que Jonás había provocado la tormenta y que todos morirían. Le rogaron que les dijera cómo calmar las aguas. "Debéis arrojarme al mar", dijo Jonás. Pero el capitán dijo a los marineros: "No puedo matar a este hombre".

"Debes hacerlo", dijo Jonás. "Moriréis a menos que me arrojéis por la borda. Entonces la tormenta cesará". La tormenta arreciaba cada vez más, y por fin el capitán aceptó.

Los marineros arrojaron a Jonás al mar e, inmediatamente, la tormenta cesó. Los marineros agradecieron al Dios de Jonás por haberles salvado la vida.

Jonás se hundió cada vez más
profundamente en el mar. Cuando creía
que iba a ahogarse, una gran ballena se lo
tragó entero. "Dios me ha salvado", pensó Jonás.

Durante tres días, Jonás vivió en el interior de la ballena.
Luego la ballena nadó hasta la orilla y abriendo su
enorme boca, escupió a Jonás sobre la arena. Jonás
estaba a salvo.

"Ahora vé a Nínive", dijo Dios, y Jonás emprendió el largo
camino hasta la ciudad. Advirtió a sus habitantes
que a menos que dijeran a Dios que se
arrepentían de haber sido malvados
y empezaran a comportarse
correctamente, Dios destruiría la
ciudad en cuarenta días. Todos
escucharon a Jonás y el rey

ordenó que se arrepintiesen de su maldad y rezasen.

Jonás estaba sentado fuera de la ciudad, esperando que fuese destruida. Tenía mucho calor y estaba muy enfadado. Quería que Dios destruyera Nínive. Pero Dios vio que el pueblo se había acercado a Él y salvó la ciudad.

"Jonás, amo a todas las personas de Nínive", dijo Dios, "y estoy en todas partes. No puedes escapar de Mí". Y Jonás supo que era verdad.

El Nuevo Testamento

Índice

María y el ángel

María vivía en Nazaret, una aldea en las colinas de Galilea. Estaba comprometida para casarse con José, un carpintero que vivía en la aldea.

Un día, Dios envió a María un ángel llamado Gabriel. "No tengas miedo", le dijo. "Dios me ha enviado para decirte que tendrás un hijo al que llamarás Jesús. Será un gran rey y su reino será eterno".

María estaba muy desconcertada. "No comprendo", le dijo a Gabriel. "¿Cómo puedo tener un hijo? Aún no estoy casada".

"Será la obra de Dios, que puede hacer cualquier cosa", dijo Gabriel. "Tu hijo será santo y será el Hijo de Dios".

María inclinó la cabeza. "Soy la sierva de Dios. Haré lo que Él desee", dijo. Cuando alzó la vista, Gabriel había desaparecido.

José era un hombre bueno, pero cuando se enteró de que María estaba esperando un bebé, pensó que no debía casarse con ella.

Esa noche, tuvo un sueño. Soñó que un ángel le decía que debía casarse con María y que su hijo sería el Hijo de Dios. Se llamaría Jesús y salvaría a la gente del castigo de Dios por las cosas malas que habían hecho.

Al día siguiente, José recordó lo que el ángel le había dicho. Hizo los preparativos para la boda y pronto se casaron. José prometió que cuidaría de María y del niño.

El nacimiento de Jesús

María y José vivían juntos
y felices y estaban deseando que naciera el bebé que
María esperaba. Unos meses más tarde Augusto, el
emperador romano que gobernaba el país, dictó una
nueva ley. Todos tenían que ir a registrarse a la ciudad
de donde venía su familia, para que pudieran cobrarles
impuestos. La familia de José era de Belén, de modo
que tuvo que regresar allí.

Emprendió el largo viaje junto con María, cuyo hijo iba a
nacer muy pronto. Cargaron su asno con ropa de abrigo,
comida, agua y cosas para el bebé.

Cuando llegaron a Belén ya era tarde y María estaba
muy cansada. Había mucho ruido en la pequeña ciudad,
que estaba repleta de gente que había ido a registrarse.
José intentó encontrar una habitación para pasar la
noche, pero todo estaba lleno. Marchó penosamente
a lo largo de las calles frías y oscuras, guiando el asno
en el que montaba María.

Llamó a la puerta de la última posada, pero ya estaba

llena, no había ni una sola habitación. Pero cerca había un establo, que estaba limpio y vacío.

José condujo el asno hasta el establo. Ayudó a María a apearse. Después le preparó un lecho blando de paja en el suelo y lo cubrió con su manto. María comió un poco y luego se tumbó, contenta porque por fin podía descansar.

Esa noche, nació el hijo de María. Le lavó y le envolvió en la ropa que había traído. José llenó un pesebre con heno suave y limpio para hacer una cama para el bebé y María lo acostó en él con cuidado. Le puso de nombre Jesús, como el ángel le había dicho. Era el Hijo de Dios.

En las colinas cerca de Belén, había algunos pastores tumbados alrededor de su fogata, cuidando sus rebaños de ovejas durante la noche. De repente, vieron una luz brillante en el cielo oscuro y un ángel apareció ante ellos. Estaban muy asustados.

"No temáis", dijo el ángel. "Os traigo una noticia maravillosa, a vosotros y a todo el pueblo. Esta noche, el Hijo de Dios ha nacido en un establo de Belén".

Mientras los pastores miraban asombrados al ángel, aparecieron más ángeles en el cielo, cantando alabanzas a Dios. "Gloria a Dios en lo alto y paz en la tierra a todos los hombres que lo aman", cantaban. Después la luz se desvaneció y los ángeles desaparecieron. La noche volvió a ser oscura.

Los pastores sintieron una gran agitación. "Hemos de ir a Belén en busca de ese niño", dijo un pastor. Los demás estaban de acuerdo. Reunieron sus cosas y bajaron corriendo a toda velocidad por las oscuras colinas, hacia la pequeña ciudad.

Pronto encontraron el establo y, después de llamar a la

puerta, entraron sigilosamente. Miraron al bebé acostado en el pesebre y se arrodillaron ante él. Le contaron a María y a José lo que el ángel les había dicho.

Después de un rato, los pastores se pusieron de pie y abandonaron el establo. Recorrieron las calles de Belén y a todos los que encontraron les dieron la buena noticia de que esa noche había nacido el Hijo de Dios. Pronto toda la ciudad se enteró del nacimiento de Jesús.

Cantando alabanzas a Dios, los pastores regresaron muy contentos junto a sus ovejas en las oscuras colinas a las afueras de Belén.

En el establo, María miró a su
hijo y pensó en los pastores
y en lo que el ángel les
había dicho. Se preguntó
qué significaba
todo aquello.

Los Reyes Magos

En un país lejos de Belén
vivían unos Reyes Magos que estudiaban las estrellas.
Una noche, vieron una nueva estrella mucho más
brillante que todas las demás. Sabían que eso significaba
que había ocurrido algo especial. Después de estudiarlo
cuidadosamente, decidieron que significaba que había
nacido un nuevo soberano y que debían ir en su busca.

Iniciaron el largo viaje, llevando regalos para este nuevo
soberano. Siguieron a la estrella que se desplazaba a
través del cielo nocturno delante de ellos.
Finalmente llegaron a la ciudad de Jerusalén.

"¿Dónde podemos encontrar ese bebé?", dijeron. "Hemos visto su estrella en el cielo y sabemos que ha nacido para ser el rey de los judíos".

Cuando el rey Herodes oyó que tres extranjeros estaban tratando de encontrar al bebé, se enfadó. Los gobernantes romanos del país habían convertido a Herodes en rey de los judíos. Preguntó a los sacerdotes y a los sabios qué significaba aquello. Éstos estudiaron los antiguos archivos y dijeron al rey que, hace muchos años, había sido anunciado que el rey de los judíos nacería en Belén.

Herodes convocó una reunión secreta con los Reyes Magos. Cuando acudieron, les dijo que fueran a Belén. "Cuando encontréis a ese niño, hacédmelo saber para que yo también pueda adorarlo", dijo. Los Reyes Magos aceptaron e inmediatamente emprendieron el camino a Belén. La estrella aún se movía delante de ellos y pareció detenerse sobre la ciudad. Los Reyes Magos supieron que habían llegado al lugar indicado.

Pronto averiguaron dónde se encontraban María y José. Cuando vieron al niño Jesús, se arrodillaron ante él y ofrecieron a María los regalos que habían traído. Éstos eran oro, un incienso de aroma dulce y un ungüento especial llamado mirra. Después los Reyes Magos se alejaron en silencio.

En el camino de regreso a Jerusalén, acamparon a las afueras de Belén. Esa noche tuvieron un sueño, un ángel les advirtió que el rey Herodes planeaba matar a Jesús. Por la mañana, cargaron sus camellos y, en lugar de ir a Jerusalén, regresaron a su país por un camino diferente.

José también tuvo un sueño. Un ángel le advirtió que Jesús estaba en peligro y que debía llevar a María y al

bebé a Egipto, donde estarían a salvo. José despertó a María y recogiendo sus cosas, emprendieron el largo viaje a Egipto cuando aún era de noche.

Cuando el rey Herodes se dio cuenta que los Reyes Magos le habían engañado, se puso furioso. Tenía miedo de que este nuevo rey de los judíos se apoderara de su trono. Ordenó a sus soldados que marcharan a Belén y que mataran a todos los niños varones menores de dos años. El pueblo siempre había odiado a este rey cruel, y ahora le odiaron aún más.

María y José vivían a salvo en Egipto, con Jesús. Entonces José tuvo otro sueño. Un ángel le dijo que el rey Herodes había muerto y que debía llevar a María y a Jesús a Nazaret. Tras otro viaje muy largo, se instalaron en su nuevo hogar.

Jesús en el templo

Jesús creció en Nazaret, cuidado por María y José. Fue a la escuela y aprendió las leyes que Dios les había dado a los judíos. Todos los años, María y José iban a Jerusalén para celebrar la fiesta de la Pascua. Esta fiesta les recordaba que, muchos años atrás, Dios había liberado a su pueblo de la esclavitud en Egipto.

Cuando Jesús cumplió doce años, fue a Jerusalén con sus padres. El viaje duró cuatro días y cuando llegaron, la gran ciudad estaba repleta de visitantes.

Cuando acabó la fiesta, María y José se unieron a las otras familias que regresaban a Nazaret. Creyeron que Jesús estaba en el grupo con los otros muchachos. Hasta que se detuvieron al atardecer para acampar durante la noche y cenar, no se dieron cuenta de que Jesús no estaba. Le buscaron por todas partes y preguntaron a todo el mundo si le habían visto, pero no pudieron encontrarle.

Preocupados, María y José volvieron apresuradamente a Jerusalén. Durante tres días, buscaron a Jesús por la ciudad. Por fin, le encontraron en el templo. Estaba sentado junto a los maestros del templo, escuchándolos y haciendo preguntas. Los maestros estaban muy asombrados de que Jesús, que sólo tenía doce años, comprendiera tantas cosas, y las preguntas de Jesús les dejaban atónitos. María y José se sorprendieron mucho al encontrarle allí.

"¿Por qué nos has hecho esto?" María le preguntó a Jesús. "Te hemos buscado por todas partes. Estábamos muy preocupados por ti. Creíamos que nunca te encontraríamos".

"Siento haber causado tantos problemas", dijo Jesús. "Pero, ¿no sabíais que me encontraríais en la casa de mi Padre?"

María y José no comprendieron las palabras de Jesús. Le llevaron a casa, a Nazaret, donde creció y se convirtió en un joven sabio y fuerte, que amaba y obedecía a sus padres y a Dios.

El bautismo de Jesús

Jesús se quedó en Nazaret con María y José hasta que tuvo aproximadamente treinta años. Entonces fue a Galilea donde Juan, un primo suyo, le hablaba de Dios al pueblo y les decía que tenían que hacer lo que Él les decía. Una multitud acudía para escucharlo. Cuando le preguntaron a Juan qué debían hacer, les dijo que compartieran su comida con los hambrientos y dieran la ropa que les sobraba a aquellos que la necesitaban.

Juan bautizaba a los que se arrepentían de las cosas malas que habían hecho. Les bautizaba con agua del río Jordán.

Esto significaba que se arrepentían del mal que habían hecho en su vida y que podían volver a empezar llevando una vida buena.

"Os bautizo con agua", les decía Juan, "pero llegará uno que es mucho más grande que yo. No merezco desatar sus sandalias. Él os bautizará con el Espíritu Santo".

Jesús fue a ver a Juan y le pidió que lo bautizara. Pero Juan dijo: "No está bien que yo te bautice. Tú me deberías bautizar a mí".

"Hagamos lo que quiere Dios", dijo Jesús y, rezando una oración, se metió en el río. Juan vertió agua sobre Jesús para mostrar que estaba limpio. Entonces, justo cuando Jesús salía del agua, una paloma blanca voló sobre su cabeza. Y oyó la voz de Dios que le decía: "Tú eres mi hijo amado. Estoy muy satisfecho contigo".

Jesús y sus discípulos

Jesús vivía en Cafarnaúm, una ciudad cerca del lago de Galilea. Allí hablaba a las personas sobre Dios y curaba a los enfermos. Pronto se difundieron las noticias sobre sus curaciones y en todas partes había multitudes que iban a escucharle.

Un día, Jesús estaba caminando por la orilla del lago. Como de costumbre, la gente se apiñaba alrededor de él. En la ribera había una barca, que pertenecía a un pescador llamado Pedro y a su hermano Andrés. Jesús subió a la barca. "Rema un poco hacia el centro del lago para que pueda hablar con la gente", dijo Jesús. Los dos hombres hicieron lo que Jesús les pedía.

Después, Jesús dijo a Pedro y a Andrés que se alejaran remando de la orilla y extendieran sus redes de pescar. "Hemos estado pescando toda la noche y no hemos encontrado ni un solo pez", dijo Pedro. Pero hicieron lo que Jesús les había dicho. Cuando empezaron a recoger las redes, estaban tan llenas de peces que casi se rompieron. Pedro y Andrés llamaron a otros dos pescadores, Santiago y Juan, para que les ayudaran.

Juntos, llenaron las
dos barcas de peces.

Cuando los cuatro hombres
vieron cuántos peces habían
pescado, se asustaron mucho y se arrodillaron
ante Jesús. "No tengáis miedo", dijo Jesús. "Venid
conmigo y os convertiré en pescadores de hombres".

Pedro, Andrés, Santiago y Juan remaron hasta la orilla y
descargaron los peces. Después abandonaron sus barcas
y acompañaron a Jesús en sus viajes.

Un día, Jesús vio a un hombre rico llamado Mateo. Era
recaudador de impuestos para los romanos. Los judíos
odiaban a los romanos que los gobernaban y odiaban
a los recaudadores de impuestos aún más. Jesús dijo a
Mateo: "Acompáñame". Sin decir una palabra, Mateo se
puso de pie y siguió a Jesús y a los otros discípulos.

Mateo dio una fiesta en su casa para Jesús. Algunas personas religiosas vieron a Jesús allí. Les preguntaron a los amigos de Jesús por qué un hombre tan bueno se sentaba a la mesa con tanta gente mala. Jesús les oyó. "Los sanos no necesitan un médico", dijo. "Son los enfermos quienes necesitan ayuda. He venido para pedir a la gente mala que cambie su manera de ser. Los buenos no me necesitan".

Una noche, Jesús subió a lo alto de una montaña y se quedó allí toda la noche, rezándo a Dios. Al día siguiente, eligió al resto de sus discípulos. Eran Felipe y Bartolomé, Tomás, otro Santiago, Simón, Judas y Judas Iscariote. Junto con Pedro, Andrés, Santiago, Juan y Mateo, estos doce hombres eran los mejores amigos y los principales seguidores de Jesús. Le acompañaban a todas partes, escuchaban sus enseñanzas y observaban las cosas maravillosas que hacía. Él les contó lo que Dios le había mandado hacer.

Jesús y el hombre paralítico

La noticia de que Jesús estaba enseñando cosas a la gente acerca de Dios y curando a los enfermos se difundió con mucha rapidez. Dondequiera que Jesús fuera junto a sus doce discípulos, acudían multitudes de todo el país y también de la ciudad de Jerusalén, para escucharle y para que les curara de toda clase de enfermedades.

Un día, Jesús estaba sentado en el interior de una casa tan repleta de gente que no había lugar para entrar o salir. Cuatro amigos de un hombre muy enfermo le llevaron en una camilla hasta la casa. El hombre estaba paralítico y no podía moverse.

Cuando los cuatro amigos vieron que no podían entrar en la casa por la puerta, levantaron la camilla hasta el techo plano. Hicieron un agujero en el techo y bajaron la camilla con el enfermo a la habitación en la que Jesús estaba sentado.

Jesús miró a los cuatro amigos y vio la fe que tenían en él. Después le dijo al hombre enfermo: "Hijo mío, tus pecados están perdonados".

Los jefes judíos que escucharon las palabras de Jesús se enfadaron porque Jesús no tenía derecho a perdonar pecados: "Sólo Dios puede hacerlo", dijeron.

Jesús sabía lo que estaban diciendo. "¿Qué es más fácil", les preguntó, "perdonar a un hombre por las cosas malas que ha hecho, o hacer que vuelva a andar? Para demostraros que tengo el poder de perdonar pecados..." Jesús se detuvo y se volvió al hombre tendido en la camilla. "Levántate, recoge tu camilla y vete a casa", dijo.

Sin decir una palabra, el hombre se puso de pie inmediatamente y, tomando su camilla, salió de la casa. Regresó a la suya, dándole gracias a Dios con una oración.

Las personas que estaban en la casa sintieron una gran agitación y un ligero temor. Hablaron entre ellos y alabaron a Dios. Nunca antes habían visto nada igual.

El sermón de la montaña

Dondequiera que Jesús fuera con sus discípulos, una multitud se reunía para escucharle. El sábado impartía sus enseñanzas en las sinagogas, pero la mayoría de la veces hablaba al aire libre, ya que el tiempo solía ser cálido y seco.

Un día, subió a una montaña. Las personas se sentaron para poder verlo y escucharlo. Jesús les dijo que aquellos que realmente ansiaban conocer a Dios quedarían satisfechos. Les dijo que debían contentarse y no preocuparse por la comida o las ropas. "Mirad las aves", dijo. "No cultivan ni almacenan alimentos, pero Dios las cuida y también cuidará de vosotros. Mirad las flores hermosas. Ellas no hacen sus ropas. Pero ni el gran rey Salomón iba mejor vestido que ellas. No os preocupéis por lo que pueda ocurrir. Haced lo que Dios quiere que hagáis y Él os dará todo lo que necesitéis".

"Es fácil amar a los amigos, pero debéis amar a todo el mundo y ser buenos con aquellos que os maltratan. Si le hacéis un favor a alguien, hacedlo en secreto y no se lo digáis a todos. Dios os verá y os recompensará".

"Cuando le recéis a Dios, hacedlo silenciosamente, cuando estéis solos. Hablad con Dios como lo haríais con un padre que os ama. No pidáis lo mismo una y otra vez. Dios sabe lo que necesitáis".

"Decid esta oración cuando habléis con Dios:
    Padre nuestro que estás en los cielos
    santificado sea Tu nombre,
    venga a nosotros Tu reino,
    hágase tu voluntad aquí en la tierra como en el cielo.
    Danos el pan de cada día,
    y perdónanos nuestras deudas,
    así como nosotros perdonamos a nuestros deudores.
    No nos dejes caer en la tentación y
    líbranos del mal".

"Todo el que me escuche", dijo Jesús, "y haga lo que digo, será como un hombre que construye su casa sobre una roca sólida. Cuando llueva, sople el viento y lleguen las inundaciones, su casa permanecerá sólida y firme. Pero el que me escuche y no haga lo que digo, será como aquel que construye su casa en la arena. Cuando llueva, sople el viento y lleguen las inundaciones, su casa será arrastrada porque está construida sobre arena blanda".

Jesús calma
la tormenta

Una noche, Jesús estaba
cansado después de haber hablado a la gente
durante todo el día y de haber curado a los enfermos
y les pidió a algunos de sus discípulos que lo llevaran
a través del lago de Galilea. Empujaron la barca a lo
largo de la playa y la pusieron
a flote en el lago y sólo
soplaba una suave
brisa. Los discípulos
izaron la vela y la

barca se deslizó
sobre las aguas tranquilas.

Jesús se acostó en el fondo de la
barca y pronto estuvo profundamente
dormido.

De repente, el viento empezó a soplar cada
vez con más fuerza hasta que se formó una
gran tormenta. Las olas eran cada vez más
grandes y empezaron a inundar la barca. Los
discípulos estaban muy asustados. Algunos eran
pescadores y sabían lo peligrosas que podían ser las
tormentas en el lago. Creían que la barca se llenaría

de agua y se hundiría. Aunque el viento hacía mucho ruido y las olas eran muy grandes, Jesús seguía durmiendo.

Por fin, uno de los discípulos no aguantó más y, zarandeando a Jesús, lo despertó.

"Maestro, por favor sálvanos", gritó. "¿No ves que todos nos vamos a ahogar?"

Jesús se despertó y, durante un instante, observó la tormenta. Entonces se puso de pie, levantó el brazo y dijo: "¡Shh! que haya calma". Inmediatamente, el viento amainó y las olas se calmaron.

"¿Por qué os asustasteis?" preguntó Jesús a sus discípulos. "¿No sabéis que yo voy a cuidar de vosotros?"

Los discípulos no sabían qué decir. "¿Quién es este hombre, que hasta el viento y las olas le obedecen?" se decían los unos a los otros murmurando.

La barca siguió navegando, y Jesús y sus discípulos llegaron a la otra orilla sanos y salvos.

El buen pastor

Jesús solía contar historias a la gente para que pudieran comprender lo que intentaba enseñarles con mayor facilidad. Las historias se referían a las cosas que veían todos los días, y a algunos de los trabajos que hacían. "Si tenéis oídos, escuchad lo que os digo", les dijo a los hombres, mujeres y niños que venían a escucharle.

Un día, empezó a contar una historia nueva. "Si un pastor cuida a cien ovejas, y una se aleja y se pierde, ¿qué hará el pastor?" les preguntó. "Deja a las noventa y nueve ovejas en un lugar a salvo de los lobos hambrientos y va en busca de la oveja perdida", siguió diciendo Jesús.

"El pastor busca a esa oveja por todas partes, escuchando todo el tiempo para oír sus balidos. No le importa el tiempo que le lleve, no abandona la búsqueda hasta que la encuentra. Luego recoge la oveja, la carga a sus espaldas y la lleva a casa, encantado de que haya regresado a salvo con el resto del rebaño".

"Después llama a su familia y a sus amigos para que celebren con él el regreso de la oveja perdida".

"Hay alegría en el cielo cuando alguien que ha desobedecido a Dios se arrepiente de las cosas malas que ha hecho y regresa para hacer lo que Dios quiere que haga", dijo Jesús.

"Yo soy como ese buen pastor. Cuido a mi pueblo como si fueran mis ovejas. Nunca me escapo y las abandono cuando los lobos intentan matarlas. Las ovejas conocen mi voz y me siguen. Las conduzco y las protejo. Estoy dispuesto a morir por ellas", dijo Jesús.

La hija de Jairo

Un día, cuando Jesús estaba caminado a través de una ciudad, un jefe de la sinagoga llamado Jairo se le acercó corriendo y se arrodilló ante Jesús. "Mi pequeña hija está muy enferma; creo que se está muriendo. Por favor, ven a mi casa y pon tus manos sobre ella para que se cure", rogó.

Cuando Jesús empezaba a irse con Jairo, una mujer se abrió paso a través de la multitud que los seguía para acercarse a Jesús. Hacía doce años que estaba enferma y ninguno de los médicos había podido ayudarla. Cada vez estaba más enferma.

Había oído hablar de Jesús y pensó: "Si tan sólo lograra tocar sus ropas, sé que por fin me curaría". Cuando logró acercarse, estiró la mano y le tocó. Se curó inmediatamente. Jesús miró a las personas que se apiñaban a su alrededor. "¿Quién me ha tocado?" preguntó, porque sabía que alguien se había curado.

La mujer estaba muy asustada. Se arrodilló ante Jesús

y le dijo que ella le había tocado. Jesús le miró y sonrió. "Tu fe te ha curado", le dijo. "Vé en paz".

Jesús siguió caminando hacia la casa de Jairo, pero antes de que llegara, la gente salió de la casa llorando. "Es demasiado tarde", le dijeron a Jairo. "Tu hijita ha muerto. No le pidas a Jesús que venga".

"No está muerta sino dormida", dijo Jesús, y se dirigió a la casa con tres de sus discípulos: Pedro, Santiago y Juan. Jesús obligó a todos a salir de la casa, excepto a los padres de la niña. Entonces tomó la mano de la niña con suavidad y dijo: "Niña, levántate".

Enseguida, la niña abrió los ojos y se levantó de la cama. Sus padres estaban asombrados y muy alegres al ver que su hija estaba viva y sana. "Ahora dadle algo de comer", dijo Jesús, "pero no hablad a nadie de esto", y él y sus tres discípulos salieron en silencio.

Los panes y los peces

Un día, Jesús se sintió cansado y quiso ir a un lugar tranquilo para poder disfrutar de un poco de tiempo a solas. Él y sus discípulos navegaron a través del lago de Galilea hasta una playa solitaria. Llegaron a la orilla, sacaron la barca del agua y subieron a una colina para descansar. Pero algunos habían visto que Jesús estaba en la colina y la noticia de que se encontraba allí se extendió con rapidez. Pronto la gente empezó a acudir de las ciudades y las aldeas para verlo y escucharlo.

Los discípulos querían decirles que se fueran, pero Jesús se compadeció. Se paseó entre la gente, hablándole, respondiendo a sus preguntas y curando a los enfermos. Cada vez acudieron más personas, hasta que hubo miles de ellas.

Al anochecer, un discípulo le dijo a Jesús: "Es hora de enviar a esta gente a casa. Díles que se vayan ahora para que puedan encontrar comida. Aquí no hay nada para comer".

"Tienen hambre", dijo Jesús. "Primero hemos de alimentarlos".

"No hay ningún sitio donde podamos comprar comida e incluso una gran cantidad de dinero no alcanzaría para alimentar a todas estas personas", dijo Felipe, uno de los discípulos.

Andrés, otro discípulo, le dijo a Jesús: "Aquí hay un niño que tiene cinco panes pequeños y dos peces".

Jesús miró al niño. "¿Me das tu comida?" le preguntó Jesús. "Sí, maestro", dijo el niño.

"Decid a la gente que se sienten en grupos", le dijo Jesús a los discípulos. Ellos recorrieron la multitud y les pidieron a todos que se sentaran en la hierba. Había unos cinco mil hombres, mujeres y niños.

Jesús tomó los cinco panes pequeños y los dos pececitos del niño, y rezó una plegaria a Dios. Después partió el pan y los peces y se los entregó a los discípulos para que los repartieran entre la gente. Cuanto más comida repartían, más había. Estaban muy sorprendidos y desconcertados.

Todos empezaron a comer, y comieron cuanto quisieron. De noche, cuando terminaron de comer, la gente se puso de pie y se fue a casa.

"Recoged toda la comida sobrante", dijo Jesús a los discípulos. Recorrieron la ladera de la colina, recogiendo la comida. Cuando terminaron, habían llenado doce cestas con trozos de pan y pescado.

El buen samaritano

Mientras Jesús enseñaba cosas acerca de Dios a la gente, un abogado inteligente se puso de pie y le preguntó: "Sé que debo ser bueno con los demás, pero ¿qué significa eso?"

Jesús le contó la siguiente historia: "Un judío que vivía en Jerusalén abandonó la ciudad y emprendió el largo camino hacia Jericó. El judío viajó solo aunque sabía que era peligroso porque había ladrones en el camino".

"Cuando el judío llegó a un lugar solitario, aparecieron unos ladrones y le atacaron. Le pegaron, le tiraron al suelo y le dieron patadas. Después le robaron todo lo que tenía y se fueron corriendo, dejándole tirado en el suelo y malherido".

"Después de un rato, un sacerdote del templo apareció por el camino. Vio al judío tirado en el polvo, pero le clavó los talones al burro y se alejó rápidamente".

"Más tarde, llegó un hombre que trabajaba en el templo de Jerusalén. Durante un instante, miró al judío herido pero no se detuvo. Siguió su camino con rapidez".

"Entonces apareció un samaritano montado en su burro.
Los samaritanos y los judíos siempre se habían odiado.
Pero este samaritano se apiadó del judío. Se detuvo y se
bajó del burro. Abrió su fardo y, arrodillándose junto al
hombre, vertió aceite sobre sus heridas para aliviar el
dolor y le dio un trago de vino para que se sintiera mejor.
Después le vendó con tiras de tela".

"Cuando el samaritano había hecho todo lo que pudo,
cargó al judío en el burro y le llevó hasta una posada.
Allí acostó al judío en una cama y le compró algo para
cenar".

"Al día siguiente, el samaritano le pagó al posadero.
«Cuida de este hombre por mí», dijo. «Si te debiera más
dinero, te lo pagaré cuando vuelva por aquí».

"Bien", le dijo Jesús al abogado, "¿cuál de los tres
hombres era bueno?"

"El samaritano, por supuesto", respondió el abogado.
"Esa es la respuesta a tu pregunta", dijo Jesús. "Hay que
ser bueno con todos, no sólo con la familia y los amigos,
sino con todos".

María, Marta y Lázaro

Cuando Jesús visitaba una aldea llamada Betania, cerca de Jerusalén, se hospedó en la casa de dos hermanas, María y Marta, y de su hermano Lázaro.

Un día, María y Marta enviaron un mensaje a Jesús, diciéndole que Lázaro estaba muy enfermo y pidiéndole que fuera a salvar la vida de su hermano. Esperaban que Jesús acudiera de inmediato, pero esperaron dos días y Jesús seguía sin llegar.

"Nuestro amigo Lázaro está durmiendo. Iré a despertarlo", dijo Jesús a sus doce discípulos. "¿No se pondrá mejor si duerme?" preguntaron los discípulos. Pero Jesús sabía que Lázaro estaba muerto.

Cuando por fin Jesús y los discípulos llegaron a Betania, hacía cuatro días que Lázaro estaba en la tumba. María se quedó en la casa con sus amigos que lloraban, pero Marta salió a recibir a Jesús. "Señor, si hubieras estado aquí, mi hermano no habría muerto", exclamó.

"Volverá a vivir", dijo Jesús.

"Sé que vivirá cuando Dios resucite a todos los muertos el último día", dijo Marta. "Todos los que confíen en mí vivirán eternamente, incluso si mueren", le dijo Jesús.

Entonces María salió de la casa, llorando, con los amigos y los parientes que habían ido a consolarla. Jesús sintió una gran compasión por ella y mucha tristeza. "Llevadme junto a Lázaro", dijo. Lo llevaron hasta la tumba, que era una cueva. Delante de la cueva había una gran roca. "Quitad la roca", dijo Jesús.

"Pero hace cuatro días que Lázaro ha muerto. Olerá mal", dijo Marta. "Te dije que si confiabas en mí, verías la gloria de Dios", le dijo Jesús.

Los amigos de ambas hermanas quitaron la roca que tapaba la entrada de la tumba. Jesús rezó a Dios y después gritó: "¡Sal, Lázaro!".

Lázaro salió caminando de la tumba, llevando la ropa con la que le habían enterrado, vivo y sano.

El hijo pródigo

Mientras Jesús le hablaba a una multitud, algunas de las personas religiosas murmuraron: "¿Por qué este hombre habla y come con personas malas?" Jesús los escuchó y les dijo: "Incluso cuando una sola persona mala se arrepiente de lo que ha hecho y quiere complacer a Dios, hay júbilo en el cielo". Y les contó la siguiente historia.

"Un campesino rico tenía dos hijos. Un día, el más joven dijo: «Padre, algún día la mitad de todo lo que tienes será mío. Dámelo ahora». El padre sintió una gran desdicha, pero hizo lo que su hijo le pedía y le dio una gran cantidad de su dinero".

"Algunos días después, el hijo montó a caballo y se fue a una ciudad, llevando el dinero consigo. Compró ropas lujosas y una gran casa con un montón de criados, y pronto hizo muchos nuevos amigos. Todas las noches celebraba grandes fiestas para ellos, en las que se servían platos deliciosos y buen vino".

"Creyó que lo estaba pasando estupendamente. Pero pronto se había gastado todo el dinero. Sus nuevos amigos le abandonaron, le quitaron su casa y sus criados y no le quedó nada, ni siquiera sus ropas elegantes".

"Deambuló por las calles, suplicando que le dieran algo de comer. Pero como en la ciudad escaseaban los alimentos, a nadie le sobraba comida, y pasaba hambre".

"Por fin consiguió un trabajo: cuidaba los cerdos de un hombre en los prados. Algunas veces tenía tanta hambre que sentía la tentación de comerse la comida de los cerdos. Un día, mientras vigilaba los cerdos, pensó: «Los criados de mi padre siempre tienen mucha comida, mientras yo casi estoy muriendo de hambre. Iré a casa y le rogaré a mi padre que me perdone»".

"Después de un largo viaje, el hijo llegó a su hogar, cansado, sucio y harapiento. Cuando aún estaba a cierta distancia de la casa, su padre le vio. Sintió mucha lástima de su hijo y corrió a recibirle, estrechándolo entre sus brazos".

"«Perdóname, padre, he sido un insensato», dijo el hijo. «Ya no merezco ser tu hijo. Déjame ser uno de tus criados»".

"El padre llevó a su hijo a casa. Le dijo a los criados que trajeran ropa y zapatos nuevos para su hijo. Estaba tan contento que esa noche ordenó que se sirviera una cena especial e invitó a todos a participar".

"El hijo mayor, que estaba en el prado, oyó el sonido de las risas y la música. Regresó a la casa y le preguntó a uno de los criados qué sucedía".

"«Tu hermano ha regresado a casa y tu padre le está ofreciendo una cena especial, con música y danzas, porque está muy contento de volver a ver a su hijo», dijo el criado".

"El hijo mayor se enfadó mucho y se negó a entrar en la casa. Su padre salió y le rogó que entrara".

"«Todos estos años he trabajado duro para ti pero nunca me has dado nada. Nunca celebraste una fiesta para mí y mis amigos», gritó el hijo. «Pero en cuanto tu otro hijo regresa a casa, después de derrochar la mitad de tu dinero, celebras una gran fiesta para él»".

"«Hijo mío», dijo el padre, «tú siempre estás a mi lado y todo lo que tengo es tuyo. Por favor, intenta comprenderlo. Creí que tu hermano se había perdido o estaba muerto. Estoy muy contento de que haya vuelto a casa, sano y salvo»".

Jesús entra en Jerusalén

Jesús y sus doce discípulos caminaron hasta la gran ciudad de Jerusalén. Querían llegar a tiempo para la gran fiesta de la Pascua. En el camino, se detuvieron cerca de una pequeña aldea llamada Betania.

"Id a la aldea", dijo Jesús a dos de sus discípulos. "Allí encontraréis un asno que nunca ha sido montado. Desatadlo y traedlo aquí.

Si alguien os preguntara por qué os lo lleváis, decidle: «El Señor lo necesita», y os dejará llevároslo".

Los dos discípulos hicieron lo que Jesús les había dicho y pronto volvieron con el asno. Tendieron sus mantos sobre el lomo para hacer una montura blanda y Jesús montó en el asno hasta llegar a Jerusalén, con sus discípulos caminando a su lado.

Cuando las multitudes que caminaban hacia la ciudad vieron llegar a Jesús, se entusiasmaron. Algunos extendieron sus mantos en la calle. Otros cortaron hojas de palmera para tenderlas a sus pies. Lo aclamaron y gritaron: "¡Bendito sea el que viene en nombre del Señor! ¡Alabado sea Dios!"

Jesús y sus discípulos entraron en la ciudad y recorrieron las calles hasta llegar al templo. Después se marcharon, regresando a la aldea de Betania para pasar la noche.

A la mañana siguiente, Jesús volvió a ir al templo para rezar. Era como un mercado abarrotado: había gente comprando y vendiendo vacas, ovejas y palomas, y cambiando dinero. Jesús se enfadó mucho. Recorrió furioso el mercado, volcando las mesas y las sillas de los vendedores y echándolos a ellos, a los animales y a las aves, del templo.

"La casa de Dios es una casa para rezar", gritó, "pero vosotros la habéis convertido en una guarida de ladrones".

Cuando todo volvió a estar tranquilo, habló a la multitud,

enseñándoles cosas sobre Dios y curando a los enfermos.

Los amos del templo se enteraron de lo que Jesús había hecho y decidieron que tenían que quitárselo de encima. No se atrevían a arrestarle en el templo porque tenían miedo de que el pueblo se amotinara para protegerle. Conspiraron para hacerlo en secreto.

Entonces Judas Iscariote, uno de los discípulos de Jesús, fue a ver a escondidas a los sacerdotes del templo. "¿Qué me daréis si os digo cuándo podríais arrestar a Jesús sin peligro?" preguntó. Le prometieron treinta monedas de plata. Desde entonces, Judas Iscariote se dedicó a esperar el momento oportuno para entregar a Jesús a los sacerdotes. Debía ser cuando estuviese a solas.

La última cena

Pocos días antes de la fiesta de la Pascua, en la que los judíos recordaban la ocasión en la que Dios los liberó de la esclavitud en Egipto, los discípulos de Jesús le preguntaron dónde se reunirían para su comida de celebración.

"Id a Jerusalén", le dijo Jesús a Pedro y a Juan. "Allí encontraréis a un hombre llevando un cántaro con agua. Seguidle hasta su casa. Comeremos allí, en una habitación del piso de arriba".

Los dos hombres fueron a Jerusalén y encontraron la casa. Prepararon la habitación y esa noche, Jesús y los otros diez discípulos subieron al piso de arriba.

Antes de que empezara la cena, Jesús tomó una toalla y un cuenco con agua. Se arrodilló ante cada uno de los discípulos, les lavó los pies y los secó con una toalla, igual que un criado. Cuando hubo terminado, dijo: "Debéis estar preparados para serviros mutuamente, del mismo modo que os he servido yo".

Después, Jesús volvió a sentarse a la mesa. Los discípulos le miraron en silencio. Se daban cuenta de que pasaba algo malo. La expresión de Jesús era muy triste porque sabía que no iba a estar con ellos mucho tiempo, sino que moriría pronto.

Finalmente, dijo: "Uno de vosotros me traicionará". Los discípulos quedaron horrorizados. Se miraron todos los unos a los otros, preguntándose quién podría ser. Entonces uno de ellos, que estaba sentado junto a Jesús, preguntó: "Señor, ¿quién de nosotros es?" "Es a quien le entrego este trozo de pan", contestó Jesús.

Tomó un trozo de pan, lo mojó en un plato y se lo entregó a Judas Iscariote. "Haz lo que tengas que hacer", dijo. Judas Iscariote se levantó de la mesa y salió rápidamente de la habitación, escabulléndose en la noche.

Entonces Jesús tomó un pan y rezó una plegaria a Dios. Lo partió en trozos y se los dio a los discípulos.

"Comed este pan que es mi cuerpo y recordadme", dijo. Después levantó una copa de vino, dijo una oración, y se la pasó a los discípulos. "Esta es mi sangre, que derramo por muchas personas", dijo. "Bebedla y recordadme".

Cuando acabaron de cenar, Jesús y los discípulos cantaron un himno y después salieron a las calles oscuras. Caminaron hasta un jardín de olivos, llamado Getsemaní. De camino, Jesús dijo a sus discípulos que pronto se escaparían y le abandonarían.

"¡Preferiría morir antes de hacerlo!", exclamó Pedro. "Te digo que antes de que el gallo cante mañana al amanecer, jurarás tres veces que no me conoces", le dijo Jesús en voz baja.

En Getsemaní, pidió a algunos discípulos que se quedaran cerca de las puertas mientras él oraba. Caminó hasta un sitio tranquilo con Pedro, Santiago y Juan, y después siguió solo: quería rezar para tener el valor de enfrentarse a los terribles momentos que se avecinaban.

Cuando regresó junto a Pedro, Santiago y Juan, Jesús descubrió que estaban profundamente dormidos. "¿No sois capaces de permanecer despiertos durante tan sólo una hora?" preguntó. "Por favor, montad guardia mientras rezo" dijo, y se alejó. Después de decir sus oraciones, Jesús regresó junto a los tres discípulos y, una vez más, estaban dormidos.

La tercera vez que Jesús despertó a los discípulos, escucharon gritos y vieron antorchas ardiendo en la oscuridad. Eran los principales sacerdotes y los guardias del templo. Judas Iscariote los estaba conduciendo hasta el lugar donde podían encontrar y arrestar a Jesús.

Judas se acercó a Jesús y le besó en la mejilla. "Éste es el hombre que buscáis", le dijo a los guardias. Cuando éstos se aproximaron, Pedro desenvainó la espada e intentó defender a Jesús. Le cortó la oreja a uno de los criados del sumo sacerdote.

"Baja la espada", Jesús le dijo a Pedro y tocó la oreja del hombre, que volvió a estar entera.

Los discípulos estaban muy asustados. Se escaparon, como Jesús dijo que lo harían. Le dejaron solo, para que fuese conducido por los guardias de vuelta a Jerusalén.

La muerte en la cruz

Esa noche, tarde, Jesús fue conducido por los guardias del templo al palacio de Caifás, el sumo sacerdote. Muchos de los jefes judíos habían sido convocados allí para juzgar a Jesús.

Pedro siguió secretamente a Jesús a lo largo de las calles hasta el patio del palacio. Cuando se estaba calentando junto al fuego con algunos de los guardias, pasó una criada y le miró. "Tú estabas con Jesús", dijo. "No sé de qué hablas", dijo Pedro. Entonces otro criado dijo: "Este hombre estaba con Jesús". "No lo conozco", juró Pedro.

Más tarde un hombre dijo: "Tú debes conocer a Jesús. Se nota que eres de Galilea". Pedro estaba muy asustado. "Te digo que no conozco a ese hombre", exclamó. Entonces un gallo cantó tres veces y Pedro recordó que Jesús le dijo que él negaría que lo conocía. Pedro estaba tan avergonzado que salió

127

corriendo del patio y se ocultó en un rincón oscuro, donde se echó a llorar.

En el palacio, los principales sacerdotes y los jefes judíos iniciaron el juicio de Jesús. Hicieron venir a muchas personas que contaron mentiras acerca de Jesús. Pero sus historias no coincidían. Los jefes querían hallar una excusa para matar a Jesús, pero no pudieron probar que hubiera hecho algo malo. Durante todo el juicio, Jesús permaneció en silencio y se negó a contestar a cualquier acusación.

Al final, el sumo sacerdote le preguntó a Jesús si era el hijo de Dios. "Lo soy", contestó Jesús suavemente. "Ya habéis oído lo que ha dicho el prisionero", el sumo sacerdote le dijo a las personas que estaban allí. "¿Lo consideráis culpable o inocente de ofender a Dios?" "¡Culpable!" gritó la multitud, y pegaron y escupieron a Jesús.

El sumo sacerdote sentenció a Jesús, pero antes de poder condenarlo a muerte, tenía que llevarlo ante Poncio Pilato, el gobernador romano. Sólo él podía dar la orden de ejecutarlo.

Cuando Judas se enteró de que Jesús moriría, se arrepintió muchísimo de haberle delatado ante los principales sacerdotes. Fue al templo y arrojó al suelo las treinta monedas de plata que le habían dado. Después salió y se ahorcó.

Por la mañana, Jesús fue llevado ante Poncio Pilato. Los principales sacerdotes sabían que el gobernador romano no condenaría a muerte a un hombre por ofender a Dios, de modo que lo acusaron de desobedecer las leyes romanas.

Jesús estaba de pie ante el gobernador romano, que le hizo preguntas a las que Jesús no respondió. Al final, el gobernador se dio cuenta que Jesús era inocente, pero no quería enfadar a los jefes judíos dejándole en libertad.

En esa época, los gobernadores romanos del país tenían la costumbre de poner en libertad a un prisionero el día de la fiesta de la Pascua. El pueblo tenía derecho a elegir quién sería. Poncio Pilato preguntó a la multitud si debía poner en libertad a Barrabás, que era un asesino, o a Jesús. Los principales sacerdotes y los jefes judíos convencieron a la multitud de que eligiera a Barrabás.

"¿Qué queréis que haga con Jesús?" Poncio Pilato le preguntó al pueblo. "¡Crucifícalo, crucifícalo!", gritó la multitud. "¿Qué ha hecho?" preguntó Poncio. Pero el pueblo volvió a gritar: "¡Crucifícalo!". Poncio se apartó y se lavó las

manos en un cuenco con agua, para indicar que él no era culpable de la muerte de Jesús.

Después ordenó que Barrabás fuera puesto en libertad y que Jesús fuera azotado antes de ser ajusticiado. Los soldados se llevaron a Jesús y le pusieron una túnica de color púrpura, encajaron una corona de espinas en su cabeza y le dieron un palo. Se arrodillaron ante él, riendo y burlándose. "¡Salve, rey de los judíos!" se mofaron, pegándole y escupiéndole.

Después los soldados vistieron a Jesús con sus propias ropas y le obligaron a llevar una gran cruz de madera por las calles de Jerusalén. Cansado y debilitado por las palizas, Jesús tropezó y cayó al suelo una y otra vez. Por fin, un soldado obligó a un hombre llamado Simón, que estaba en la calle mirando, a llevar la cruz de Jesús.

Condujeron a Jesús a las afueras de la ciudad, a un lugar llamado Gólgota. Allí los soldados clavaron las manos y los pies de Jesús en la cruz.

Encima de su cabeza pusieron un cartel que decía: "Jesús de Nazaret. Rey de los judíos". Después levantaron la cruz entre otras dos cruces. De ellas colgaban unos ladrones que habían sido sentenciados a muerte. Jesús miró a los soldados y al pueblo que observaba. "Perdónales Padre", suplicó. "No saben lo que hacen".

Entre la multitud había algunos de los enemigos de Jesús. "Si realmente eres el hijo de Dios, baja de la cruz. Entonces te creeremos", gritaron en tono de burla. Y los principales sacerdotes exclamaron: "Has salvado a otros, ¿por qué no te salvas a ti mismo?"

María, la madre de Jesús, estaba cerca de la cruz junto a Juan, uno de los discípulos. Jesús bajo la vista y los miró. "Cuídala como si fueras su hijo", le dijo a Juan. Y a partir de entonces, Juan cuidó de María.

Al mediodía, el sol se oscureció de manera extraña durante tres horas. La multitud observaba y aguardaba en silencio. A las tres de la tarde, Jesús levantó la vista y exclamó: "Dios mío, ¿por qué me has olvidado?" Después inclinó la cabeza y dijo: "Es el fin", y murió. En ese instante, la tierra tembló y la cortina del templo se rasgó de arriba a abajo. Muchos de los soldados y el pueblo sintieron un gran temor.

Un soldado romano levantó la vista y miró a Jesús. "Este hombre realmente era el hijo de Dios", dijo.

La multitud se dispersó regresando a la ciudad, pero María, la madre de Jesús, María Magdalena, la madre de Santiago, y algunos de los demás amigos de Jesús permanecieron junto a la cruz. Para asegurarse de que Jesús estaba muerto, un soldado le clavó una lanza en las costillas. Después los soldados lo bajaron de la cruz.

Un hombre rico de Arimatea, llamado José, que creía en Jesús, fue a ver a Poncio Pilato, el gobernador romano. Le pidió permiso para llevarse a Jesús y enterrarlo. Pilato aceptó y ordenó que el cuerpo fuera entregado a José.

Acompañado por algunos amigos de Jesús, José se llevó el cuerpo y lo envolvió en una tela de hilo. Después lo llevaron a una tumba nueva que había sido excavada en las rocas de la ladera de un jardín, a las afueras de Jerusalén. Observados por María Magdalena y algunas otras mujeres, tendieron el cuerpo en la tumba. Después taparon la entrada con una piedra pesada, a modo de puerta, para cerrarla. Ya era viernes por la noche. El sábado judío comienza cuando se pone el sol y, para enterrarle debidamente, tenían que esperar hasta que hubiera pasado el sábado.

Los jefes judíos pidieron a Poncio Pilato que un soldado vigilara la tumba durante la noche. Temían que alguien intentara robar el cuerpo y afirmar que Jesús había resucitado. Pilato dio la orden y sus soldados sellaron la tumba y la vigilaron durante la noche.

La tumba vacía

El domingo por la mañana, muy temprano, María Magdalena y dos amigas fueron hasta la tumba de Jesús. Querían terminar de hacer los preparativos para el entierro. Se preguntaron cómo harían para quitar la enorme piedra que tapaba la entrada.

Cuando las mujeres llegaron hasta la tumba, se sorprendieron al ver la piedra quitada de la entrada de la puerta y que los soldados que la vigilaban se habían marchado. Un hombre vestido con unas ropas blancas y brillantes les dijo: "Jesús no está aquí. Está vivo". Cuando miraron en el interior de la tumba vieron que estaba vacía. El cuerpo había desaparecido.

Asustadas, las tres mujeres corrieron a decírselo a dos de los discípulos, Pedro y Juan. "Se han llevado al Señor", exclamó María, "y no sabemos a dónde".

Pedro y Juan corrieron hasta la tumba. Juan llegó primero, pero no quiso entrar. Cuando llegó Pedro, entró directamente y vio que la tumba estaba vacía. Pero las telas en las que habían envuelto a Jesús estaban allí. Pedro y Juan no sabían si el cuerpo había sido robado o si Jesús realmente había resucitado. Muy desconcertados, se fueron a casa en silencio.

María Magdalena regresó sola a la tumba. Mientras estaba arrodillada llorando delante de la tumba, vino Jesús y se quedó de pie a su lado. "¿Por qué lloras?" preguntó. "¿A quién buscas?" María no levantó la vista. Creyó que sería un jardinero. "Lloro porque se han llevado a mi Señor. Por favor, dime dónde está", suplicó.

"María", dijo Jesús. María levantó la vista y vio que era Jesús. "¡Mi Señor!", exclamó. "Ve y di a mis amigos que me has visto", dijo Jesús, "y que pronto estaré con mi Padre en el cielo". Llena de alegría, María corrió a decir a los discípulos que había visto a Jesús.

En el camino a Emaús

Más adelante, aquel domingo al atardecer, dos de los amigos de Jesús caminaban a lo largo de la carretera que va de Jerusalén a la aldea de Emaús. Mientras caminaban, hablaban de Jesús.

Pronto Jesús los alcanzó y caminó junto a ellos. Pero no le reconocieron y creyeron que era un forastero. "¿Por qué estáis tan tristes?" les preguntó.

"¿Eres el único forastero de toda Jerusalén que no sabe lo que ocurrió allí en los últimos días?" preguntó uno de los hombres, llamado Cleofás.

"¿Por qué, qué ha ocurrido?" preguntó el forastero.

"Estamos hablando de Jesús de Nazaret", dijo el otro hombre. "Era un gran maestro. Creíamos que Dios le había enviado para salvar a nuestro pueblo. Pero los principales sacerdotes y nuestros amos romanos dijeron que había actuado contra la ley y que tenía que morir. Lo clavaron en una cruz el viernes pasado y ahora está muerto. Hoy, cuando algunas mujeres fueron a su tumba, descubrieron que su cuerpo había desaparecido. Dijeron que unos ángeles les contaron que Jesús estaba vivo".

El forastero les dijo que los profetas habían dicho que todo esto ocurriría y se lo explicó. Por fin llegaron a Emaús, tarde por la noche. Parecía que el forastero seguiría su camino, pero los dos hombres le invitaron a quedarse y a cenar con ellos.

Cuando se sentaron a la mesa, el forastero tomó un pan, dijo una plegaria, partió el pan en trozos y se lo dio a los hombres. Entonces ambos supieron que el forastero era Jesús. Lo miraron fijamente durante algunos momentos y después desapareció.

Los dos hombres, muy agitados, se levantaron de la mesa y volvieron corriendo a Jerusalén. Pronto encontraron a los discípulos y a algunos de los otros amigos de Jesús. Les contaron que habían visto a Jesús, que habían hablado con él y que estaba vivo. Al principio los discípulos no les creyeron, pero uno dijo:

"Debe ser cierto. Pedro lo ha visto".

Echaron el cerrojo de la puerta de la habitación porque tenían miedo de los amos romanos y los principales sacerdotes. Entonces, de repente, Jesús estaba en la habitación con ellos. Al principio se asustaron: creían que debía ser un fantasma.

"No temáis", dijo Jesús. "Mirad las heridas de mis manos y mis pies. Tocadme y ved que soy de carne y hueso". Entonces supieron que realmente era Jesús.

"¿Tenéis algo para comer?" preguntó Jesús. Le dieron un poco de pescado hervido y miel, observándolo mientras comía. Por fin quedaron convencidos de que Jesús realmente estaba vivo. Él les explicó que todo formaba parte del plan de Dios y que todo había sido anunciado por los profetas.

"Cristo tenía que morir y resucitar al tercer día", dijo. "Dios perdona a todos los que creen en Él. Este es el mensaje para todas las personas del mundo, y vosotros debéis ir y anunciarlo".

Tomás,
el incrédulo

Tomás, uno de los discípulos, no estaba con los otros cuando vieron a Jesús. No quiso creerles cuando le dijeron que Jesús estaba vivo. "No lo creeré hasta que vea las marcas de los clavos en sus manos y sus pies, y toque la herida de sus costillas", dijo.

Una semana después, Tomás estaba con los otros discípulos y la puerta de la habitación estaba cerrada con llave. De repente, Jesús volvió a estar con ellos.

"Tomás", dijo, "toca las marcas de mis manos y la herida de las costillas con el dedo. Deja de ser un incrédulo y cree en lo que ves".

Tomás no tocó a Jesús. No fue necesario. "Mi Señor y mi Dios", dijo. "Ahora crees porque me has visto con tus propios ojos", dijo Jesús. "Las personas que no me han visto y sin embargo creen en mí no son tan desconfiadas".

El desayuno junto al lago

Durante las próximas semanas, los discípulos y los amigos de Jesús le vieron con frecuencia. Una tarde, Pedro y algunos otros discípulos abandonaron Jerusalén y fueron al lago de Galilea. Pedro dijo que quería ir a pescar. Junto a los demás, montó en una barca y navegaron por el lago. Extendieron las redes durante toda la noche pero no pescaron nada. Por la mañana, cuando navegaban hacia la orilla, vieron a un hombre junto al lago. No sabían que era Jesús.

"¿Habéis pescado algo?" les dijo. "No, nada", le respondieron.

"Arrojad la red a la derecha de la barca", dijo Jesús. Hicieron lo que él les dijo y pronto la red estuvo tan llena de peces que no pudieron recogerla.

"Tiene que ser Jesús", dijo uno de los discípulos. Inmediatamente, Pedro saltó por la borda y nadó hasta la orilla. Los demás remaron hasta la playa, arrastrando la red repleta de peces. Jesús había encendido un fuego y asó algunos peces en las brasas.

"Venid a comer", dijo Jesús, y les dio pescado frito y un poco de pan. Nadie se atrevió a preguntarle quién era, pero todos sabían que era Jesús.

Cuando acabaron de comer, Jesús le preguntó a Pedro: "¿Me amas?". "Sabes que sí", dijo Pedro. Jesús volvió a hacerle la misma pregunta dos veces más, y cada vez Pedro respondió que lo amaba. Y cada vez, Jesús le dijo que cuidara bien de sus seguidores.

Viento y fuego

La última vez que sus discípulos vieron a Jesús fue mientras paseaban por el Monte de los Olivos a las afueras de Jerusalén. Había venido a despedirse.

"Debéis regresar a Jerusalén", les dijo Jesús. "Esperad allí y pronto Dios os enviará al Espíritu Santo. Os dará el poder de hablar con valentía acerca de mí y de todo lo que os he enseñado. Hablaréis a la gente de Jerusalén y de muchas partes del país, incluso de todo el mundo. Recordad: siempre estaré con vosotros".

Mientras los discípulos miraban, una nube ocultó a Jesús y le elevó al cielo. Los discípulos levantaron la vista y vieron a dos hombres vestidos de blanco. "Jesús se ha ido para estar con Dios, pero un día regresará", dijeron.

Los discípulos regresaron a Jerusalén, felices, y esperaron como Jesús les había dicho. El día de la fiesta judía de Pentecostés, muchos de los amigos de Jesús, su madre María y otras mujeres estaban con los discípulos en una casa de Jerusalén. De pronto escucharon en la habitación un ruido semejante a un vendaval, pero el aire estaba quieto. Después, unas llamas ardientes se posaron sobre sus cabezas, sin quemarles.

Sabían que era la señal de que Dios les había enviado Su poder. Ahora podían hablar a todo el mundo con valentía. Los discípulos se precipitaron a las calles de Jerusalén y hablaron a todos los que encontraron acerca de Jesús. Hablaron en muchos idiomas diferentes, que nunca habían aprendido, para que todo el mundo pudiera comprenderlos. Los discípulos dijeron a la gente que debían bautizarse en nombre de Jesús, y arrepentirse de las cosas malas que habían hecho y que debían creer que Jesús había muerto por ellos y que Dios siempre les ayudaría y estaría con ellos.